U0136908

蘇軾謫黃時期之境界發展研究
——以舟與松竹之意象爲中心

洪麗玫 著

臺灣學生書局印行

蘇軾謫黃時期之境界發展研究
——以舟與松竹之意象爲中心

目　次

第一章　緒　論

第一節　研究動機與目的

　　蘇軾字子瞻，號東坡，北宋眉州眉山人，生於宋仁宗景祐三年十二月十九日（1038），卒於宋徽宗建中元年七月（1101），病逝於常州[1]。蘇軾與其父蘇洵，弟蘇轍同為唐宋古文八大家之一。蘇軾仕宦生涯包含：鳳翔簽判、直史館、杭州通判、密州知州、徐州知州、湖州知州、黃州團練副使、汝州團練副使、登州知州、起居舍人、中書舍人、翰林學士、杭州知州、穎州知州、揚州知州、定州知州、佐朝奉郎知英州、充左承議郎知英州、建昌軍司馬、寧遠軍節度副使、瓊州別駕、舒州團練副使、朝奉郎

---

[1]　蘇軾生平資可參蘇轍〈東坡先生墓誌銘〉，其他重要生平資料如下：《宋史》本傳、王文誥《蘇文忠公詩編著集成總案》、孔凡禮《蘇軾年譜》、李一冰《蘇東坡新傳》與王水照、朱剛《蘇軾評傳》等。〔宋〕蘇轍撰，陳宏天、高秀芳點校：《蘇轍集》，北京：中華書局，1990。楊家駱主編：《新校本宋史并附編三種》，臺北：鼎文書局，1983。〔清〕王文誥：《蘇文忠公詩編著集成總案》，臺北：學海出版社，1991；孔凡禮：《蘇軾年譜》，北京：中華書局，1988。李一冰撰：《蘇東坡新傳》，臺北：聯經出版社，1997 年 3 月，第 5 次印行。王水照、朱剛等撰：《蘇軾評傳》，南京：南京大學出版社，2004。

提舉成都玉局觀等[2]。

　　本論文以研究蘇軾謫黃時期之發展研究為重,而蘇軾謫黃與熙寧變法有關,以下簡要論述。宋神宗即位之初,意欲變法解決國家財政與軍事問題,召見王安石,其富國強兵之主張,深得神宗賞識,熙寧二年成立置治三司條例司專責變法,同時起用一批新進協助新政。王安石變法內容是財務與軍務改革,然而在朝廷中以王安石為首的變法派(又稱新黨)與以司馬光為首的保守派(又稱舊黨)產生衝突。熙寧變法最終因用人不當、新舊黨爭與新法本身之問題,以失敗告終[3]。蘇軾受司馬光提拔屬於舊黨人馬,他在熙寧變法期間數次上書批評新法,後遭王安石黨彈劾。蘇軾自請外任,被任為杭州通判,後任密州、徐州、湖州知州。蘇軾外任期間見新法有不便於民處,作詩批評新法[4],引起變法派不滿,因而引發烏臺詩案。元豐二年四月蘇軾因為〈湖州謝上表〉被指為「愚弄朝廷」[5](何正臣語),在御史台的輪番上

---

[2] 參孔凡禮《蘇軾年譜》、蘇轍〈東坡先生墓誌銘〉。

[3] 此議題專家多有論述,此僅簡述之。本段內容參考王水照、朱剛《蘇軾評傳》對蘇軾生平介紹。參王水照、朱剛:《蘇軾評傳》,頁68-78。

[4] 據蘇轍〈東坡先生墓誌銘〉說:「初,公既補外,見事有不便於民者,不敢言,亦不敢默視也,緣詩人之義,託事以諷,庶幾有補於國」。參〔宋〕蘇轍,陳宏天、高秀芳點校:《蘇轍集》(北京:中華書局,1990),頁1120。

[5] 關於烏臺詩案的導火線,據蘇轍指是〈湖州謝上表〉。從《烏臺詩案》也可證實,何正臣、舒亶都由此篇論其罪。蘇轍〈東坡先生墓誌銘〉:「徙知湖州,以表謝上。言事者摭其語以為謗,遣官逮赴御史獄」。參〔宋〕蘇轍撰,陳宏天、高秀芳點校:《蘇轍集》,頁1120。何正臣說此謝表:「愚弄朝廷,妄自尊大」、「謗訕譏罵,無所不為」、「譏諷文字,傳於人者甚眾」。參〔宋〕朋九萬撰,〔清〕李調元輯刊,嚴

章，批評蘇軾「指斥乘輿」（舒亶語）、「無復人臣之節」[6]（舒亶語）等，神宗批核下御史臺審理[7]。七月二十八逮捕，八月十八下獄，十二月二十八結案，貶謫黃州，此即烏臺詩案[8]。謫黃時期蘇軾初居定惠院，數月後以家人到後，遷居臨皋亭，後於東坡築雪堂居住。期間蘇軾躬耕東坡，自號東坡居士[9]。蘇軾謫黃時間從元豐三年元月出發二月抵達黃州至元豐七年四月離開黃州，共四年三個月。

　　蘇軾謫黃前、謫黃時、謫黃後對黨爭的看法值得觀察。謫黃前蘇軾是曾多次評議新法，如對新法變革科舉提出批評，亦以奏章或作詩議論新法。雖有諷刺但他是本著詩人「緣事以諷」（蘇轍〈東坡先生墓誌銘〉語）[10]，希望啟悟上意。謫黃期間他對黨爭抱持謹慎內斂態度，自我反省，慎重態度，但不因此完全傾向

　　一萍選輯：《東坡烏臺詩案》（原刻景【百部叢書集成】本，臺北：藝文印書館，1968），頁 1 上 1 下。

6　舒亶論此篇謝表：〈謝上表〉有譏切時事之言……包藏禍心，怨望其上，訕瀆謾罵，無復人臣之節」。參〔宋〕朋九萬撰，〔清〕李調元輯刊，嚴一萍選輯：《東坡烏臺詩案》，頁 2 上 2 下。

7　詳參〔宋〕朋九萬：《烏臺詩案》。參〔宋〕朋九萬撰，〔清〕李調元輯刊，嚴一萍選輯：《東坡烏臺詩案》，頁 46 下。

8　關於烏臺詩案有許多專書討論，本文僅簡述其過程。相關著作可參考：〔宋〕朋九萬《烏臺詩案》、涂美雲《北宋黨爭與文禍、學禁之關係研究》等。參〔宋〕朋九萬撰，〔清〕李調元輯刊，嚴一萍選輯：《東坡烏臺詩案》，臺北：藝文印書館，1968。涂美雲：《北宋黨爭與文禍、學禁之關係研究》（臺北：萬卷樓圖書有限公司，2012），頁 13-81。

9　參〔宋〕蘇轍撰，陳宏天、高秀芳點校：《蘇轍集》（北京：中華書局，1990），頁 1120。

10　參〔宋〕蘇轍撰，陳宏天、高秀芳點校：《蘇轍集》，頁 1120。

任一黨。他覺察到對國家之責任，而不陷入意氣之爭。蘇軾之態度由其〈弔徐德占〉詩可證。徐氏是新黨將領，得呂惠卿拔擢受重用，但卻在宋夏永樂城之戰捐軀。此役宋軍大敗，徐德占被敵對陣營誣衊降敵，蘇軾對其殉國致哀而批評汙蔑徐氏者[11]，他不偏袒之超然立場以此可知。元祐朝蘇軾回朝任官，此時舊黨執政，蘇軾受到司馬光之重用，然蘇軾在盡廢新法之事上不能贊同，力爭於司馬光前。蘇軾主張保留免役法，認為對新法應「校量利害，參用所長」，此蘇軾獨立判斷，不追隨權柄之臣之證[12]。他一貫之精神，不隨仕宦貶謫升遷而改變。本論文是圍繞蘇軾謫黃時期，他面對外在變動心靈的調和，他對國家的責任感與他的反省上，主要以田園書寫為中心，散發到竹、松、舟上。

　　蘇軾作品分期之見解歷代說法紛陳，如有蘇轍與參寥的三期說、王水照的七期說與王文誥的八期說等[13]，雖說他們的劃分標準有異，但都共同承認貶謫黃州時是蘇軾文學境界的一大重要轉變。因為謫黃以前，蘇軾固然嘗外任杭、密、徐、湖四州，最初外任卻是自請而來，換言之貶謫黃州是他仕宦生涯所歷經地第一

---

[11] 參〔宋〕蘇軾撰；〔清〕王文誥輯注；孔凡禮點校：《蘇軾詩集》，頁1134-1135。

[12] 參蘇軾〈辯試館職策問劄子二首〉。另外，朔黨劉安世說：「東坡立朝大節極可觀，才高意廣，惟己之是信。在元豐則不容於元豐，人欲殺之；在元祐雖與老先生議論（指司馬光）議論亦有不何處，非隨時上下也。」參〔宋〕蘇軾撰；孔凡禮點校：《蘇軾文集》（北京：中華書局，1996 4 刷），頁788-789。馬永卿輯：《元城語路》卷上。轉引自王水照：《蘇軾論稿》（臺北：萬卷樓圖書有限公司，1994），頁32。

[13] 參王水照：《蘇軾選集·前言》（臺北：萬卷樓圖書有限公司，1994），頁1-22。

次真正政治危機，所以他才在〈自題金山畫像〉自嘲：「問汝平生功業，黃州惠州儋州」[14]。分期之論有利於我們從整體的視角去理解蘇軾各期作品的顯著特徵，但仍須注意避免流於簡化、同質化、平面化的問題，忽略一時期裡存在不同心境型態，對於黃州時期尤應如此。本論文即聚焦於對蘇軾謫黃時期之心靈境界層次分析，對之作動態而立體的微觀觀察，並由其作品試圖去證明。有鑑於蘇軾謫黃生活，乃寄寓在田園、山水之間，因此本論文即以蘇軾此時期之自然書寫為研究對象，並特別以田園生活為中心，針對松、竹及舟遊之意象為論。

何為意象？按學者陳植鄂《詩歌意象論——微觀詩史初探》中對「意象」之定義，他認為意象是藝術最小的單位：

> 就詩人的藝術思維來說，象，即客觀物象，包括自然界以及人身以外的其他社會連繫的客體，是思維的材料；意，即作者主觀方面的思想、觀念、意識，是思維的內容；言，即以語詞為基本單位的人類語言的記錄，是思維的直接結果和書面表現形式[15]。

而意象之層次，則由觀物活動是否既「能入」（能感物、能體物）且「能出」（能超越物我主客對立、達到二者交融）所決定，誠如學者林淑貞所說：

14　〔宋〕蘇軾撰；〔清〕王文誥輯注；孔凡禮點校：《蘇軾詩集》（北京：中華書局，1982），頁 2641-2642。

15　參陳植鄂：《詩歌意象論——微觀詩史初探》（北京：中國社會科學出版社，1990），頁 15。

中國觀物的層次由感物而體物，再由體物而達物我交融、
神與物遊。所謂的「感物」是指人心受外在客觀環境的引
發觸動，生發心緒激蕩悵笏之情，情思流動順隨外物而流
轉……寫出人的情思因物境而起偏執悲喜之情，心識既受
外物觸引，則不能不指事造形，窮情寫物，此即「體物」
的工夫，但「體物」卻非上乘，……體物太過於工巧，文
字太貼切物象，拘執物相，即有滯有障，不能悠然出入其
中，所以中國最忌貼物太緊，若只得物相，未能得物神，
難免有憾，此即東坡譏「論畫以形似，見與兒童鄰」。[16]

筆者試圖透過「詩人筆下之物」（文藝作品之「言」），還原
「詩人眼中之物」（客觀之「象」）與「詩人胸中之物」（主觀
之「意」）[17]；進而解析其觀物之境界層次、並探索其思想根源

---

[16] 參林淑貞：《中國詠物詩「托物言志」析論》（臺北：萬卷樓圖書有限
公司，2002），頁 51-52。另外，林淑貞從《佩文齋詠物詩選》製表，
在表二十〈花木類取義表〉，其中列松柏檜杉竹為耐寒之木，其託物言
志之取義：1 凌霜耐寒之質，喻志士忠臣堅貞、孤直之勁節。2 材幹高
直，可為棟之材，喻人材可用。3 材大難用，喻志士幽人沈淪下傺。4
木根直壯，有異草萊，以喻人有本心，不為外物摧折心志，或喻能為凌
雲之木。5 桃李繁盛時不與之爭妍，寒冬時終能青翠如蓋，喻人須耐住
寂寞，終有用世之日。參林淑貞：《中國詠物詩「托物言志」析論》
（臺北：萬卷樓圖書有限公司，2002），頁 159。

[17] 本文此處引申自陳植鄂對鄭板橋〈題畫‧竹〉之詮釋。鄭板橋〈題畫‧
竹〉云：「江館清秋，晨起看竹，煙光日影露氣，皆浮動於疏枝密葉之
間。胸中勃勃，遂有畫意。其實胸中之竹，並不是眼中之竹也。因而磨
墨展紙，落筆倏作變相，手中之竹，又不是胸中之竹也。總之，意在筆
先者，定則。趣在法外者，化機也，獨畫云乎哉！」陳氏言：「鄭板橋

所在。我們由田園、松、竹、舟四大主題切入，正是跨越自然與
人文之間，構成自然與人文之交互性。誠如張新亞在《文人的理
想品格——從陶淵明到蘇軾》中所言，自然的概念可以涵括田園
與山水，他說：

> 自然是可以將田園與山水均包括在其中的。山水完全處於
> 自然的狀態或更接近於自然的狀態，田園則是農民生活的
> 領域，隨處可見人類活動的痕跡，已經不是一種純粹自然
> 的狀態。但田園往往就分布在山水之間，與山水水乳交融
> 地結合在一起，很難將兩者截然加以分割。而且田園生活
> 大體來說是淳樸的、寧靜的，與鬧市、官場的生活比起來
> 非常接近於自然的狀態[18]。

張新亞將自然與山水的相互差異與關係作出解釋。同理，松、
竹、田園、舟，一般來說松與竹這一組屬於純粹自然的、田園與
舟這一組則更與人為相關，然在謫居黃州的孤旅人蘇軾其生活裡
四者它們是相連一體的、打破自然與人文的二元界線。比如蘇軾

的現身說法，是研究藝術符號化過程的一個絕妙例證。所謂眼中之竹，
就是客觀外界的形象，是藝術家據以創作的素材或者說對象。所謂胸中
之竹即融合了作者主觀創作意圖和根據這一主觀意圖剪裁過的宏觀物象
而生成的意象。這是創作中最關鍵的一環。從『胸中之竹』到『手中之
竹』的過程，也就是意象物化而成為藝術符號的過程。」參閱陳植鄂：
《詩歌意象論——微觀詩史初探》（北京：中國社會科學出版社，
1990），頁 42。

18 張新亞：《文人的理想品格——從陶淵明到蘇軾》（濟南：濟南出版
社，2004），頁 154。

觀竹有寺廟（之竹）、人家（之竹）[19]（〈寓居定惠院之東，雜花滿山，有海棠一株，土人不知貴也〉），不限於自然生長者；詠松詩也涉及人爲栽植者，如麻城縣令張毅種植行道松（〈萬松亭〉）[20]，芙蓉仙人石曼卿門前植松（〈和蔡景繁海州石室〉）[21]。比如舟固然是人造之物，但在蘇詩中卻是作爲遊山水以遠離紛雜人間世、象徵自由的逍遙之舟，與田園一樣可歸於自然概念裡。所以蘇軾謫黃時期之自然書寫，無論是躬耕田園或是遊山水之舟，亦是密切的連接爲一體。故本文以蘇軾論田園（〈東坡八首〉）及論山水（赤壁之舟、松竹）此兩部分展開；由此中我們可以發現謫黃時期，蘇軾之精神境界可分爲三面向：一是天棄、一是天不棄、一是天養。我們是透過爬梳以上自然書寫類型之創作，縱觀蘇軾此時期精神境界發展之具體情狀，掘發其豐富內容，真實呈現蘇軾之作品，何以具有高度價值之根本理由。本文另方面認爲透過謫黃時期三層境界之發展，實爲蘇軾出入佛老歸於儒之一實證也。故既不當因蘇軾言隱逸、言田園，便將之簡化爲道家之流，亦不當因其言「空」、言「洗心歸佛祖」（蘇軾〈和蔡景繁海州石室〉）[22]，又以其歸屬釋家，我們將以他對

---

[19]　〔宋〕蘇軾撰；〔清〕王文誥輯注；孔凡禮校點：《蘇軾詩集》，頁1036-1037。

[20]　參〔宋〕蘇軾撰；〔清〕王文誥輯注；孔凡禮點校：《蘇軾詩集》（北京：中華書局，2018），頁 1027。參〔宋〕蘇軾撰；〔清〕王文誥輯注；孔凡禮點校：《蘇軾詩集》，頁1178。

[21]　參〔宋〕蘇軾撰；〔清〕王文誥輯注；孔凡禮點校：《蘇軾詩集》，頁1178。

[22]　參〔宋〕蘇軾撰；〔清〕王文誥輯注；孔凡禮點校：《蘇軾詩集》，頁1178。參張志烈等註：《蘇軾全集校注》，頁2474-2475。

竹、松、舟之多面參照，來避免專斷的的可能。最後，我們意圖剖析蘇軾謫黃時期對這些意象之構造，在承繼前人典範的基礎上，又有何特別不同之貢獻處。

第二節　研究現況評述

首先，關於蘇軾黃州時期心靈境界之評價，古今學者們一致認為嶺海時期（南遷時期）為其成熟期，是蘇軾文學的最高峰。但這樣的論點隱含著謫黃時期僅作為嶺海時期之渡過期，或是如胡仔[23]、陳師道[24]他們更認為此時期與蘇軾早期之作相較並無重大改變。然而蘇軾謫黃時期內在精神世界，實對其後之發展起到內在決定性的必要的作用，也就是說沒有謫黃時期的經歷沉澱，便不可能會有惠州、儋州晚期的新高度。誠如學者宋皓琨所說：

> 一般認為，蘇軾惠州、儋州時期的貶謫際遇是陶淵明接受高潮到來的重要因素，這自然是不錯的，但從辯證法的角度看，內因與外因密不可分，外因促進事物的發展，內因起決定作用。蘇軾的晚年際遇只是強化、促進陶淵明接受的外因，內因則是黃州時期所積累的對陶淵明的情感積澱[25]。

---

[23] 《苕溪漁隱叢話・後集》卷 32：「余觀東坡詩全類子美夔州以後詩，正所謂『老而嚴』者也」。轉引自王水照《蘇軾論稿》，頁 4。

[24] 陳師道《後山詩話》說：「蘇詩初學由劉禹錫，故多怨刺……晚學太白……然失之於粗」。轉引自王水照《蘇軾論稿》，頁 4。

[25] 宋皓琨：〈黃州耕作：蘇軾接受陶淵明歷程中的關鍵因素——在北宋詩

而蘇軾謫黃時期之心靈之所以能有如此重大的新轉變成長，可以說是奠基在對儒釋道三教義理的深化自省而來。但是確切來說黃州時期蘇軾是怎樣吸收三教、是否歸於佛老，學者們各有解釋。有學者主張，蘇軾黃州時期偏向於發展佛老思想為主導。如馬得禹在〈問汝平生功業——黃州、惠州、儋州〉說：「縱觀蘇軾的一生，在由得意到失意的仕途變化中，他的思想也隨之在改變。他從小接受的是儒家傳統思想的影響，開始以積極進取的精神步入仕途，當遭受打擊後，借助於佛老思想作為其精神支柱」。[26] 如王水照在《蘇軾選集‧序》說：「任職時期，以儒家思想為主；貶居時期，以佛老思想為主。兩件思想武器，隨著生活遭遇的不同而交互使用。這又是與儒家『窮則獨善其身，達則兼善天下』（《孟子‧盡心》）的旨趣相通的」[27]。然而馬氏與王氏他們亦言，不能因此以為蘇軾歸於佛老。王水照說：

> 我們認佛老思想在黃州時期日益濃厚，甚至占據了思想的主導地位，在以後嶺海時期更有所發展。說「主導」並不意味著蘇軾已為佛教徒或道教徒。他在〈答畢仲舉書〉等文中，一再說明對玄奧難測的佛學教義並不沉溺，只是取其「靜而達」的觀察問題的方法，以保持達觀的處世態度，保持對人生、對美好事物的執著和追求。這與其時對

學背景下考察〉，《中國韻文學刊》第 31 卷第 4 期 2017 年 10 月，頁 15。

[26] 馬得禹：〈問汝平生功業——黃州、惠州、儋州〉，《甘肅教育學院學報》（社會科學版）2002 年 18（4），頁 46。

[27] 王水照：《蘇軾論稿》（臺北：萬卷樓圖書有限公司，1994），頁 12。

儒家思想的某種堅持，正好相反相成。事物的辯證法就是這樣；本質消極的佛老思想，在蘇軾身上起了積極的作用（當然也有消極的一面）。〈定風波〉中那位在風雨中「吟嘯徐行」、對困境安之若素的形象，才是我們熟悉的蘇軾面貌，他不同于屈原、杜甫在失意時仍時刻燃燒著忠君愛國的熱情，也不同於韓愈、柳宗元在貶逐時悲苦無以自抑的精神狀態[28]。

對於蘇軾如何將三教融於一身？如何各有所取捨？學者戚榮金說的更為詳盡，其〈蘇軾黃州時期思想嬗變探析〉說：

> 黃州貶謫生活的困境，使蘇軾的人生航船受到了重創，他要尋求心靈的慰藉，因而他更加注重對儒釋道三家思想的融合吸收。他吸收了儒家執著現實的一面，揚棄了追求功利的一面，表現為積極用世、樂觀曠達；吸收了道家追求心靈自由的一面，揚棄了懶散無為的一面，表現為隨緣自適、順天「靜」和「達」。（〈答畢仲舉二首其一〉），即精神境界的自由和愉悅[29]。

筆者以為黃州時期蘇軾之精神雖似是被佛老所主導、似是發展佛老思想、似為佛老之學所支持，實質上只是「出入佛老」之表現，其精神依歸與主導終究仍是「歸於儒」也。

---

28 王水照：《蘇軾論稿》（臺北：萬卷樓圖書有限公司，1994），頁 15。
29 戚榮金：〈蘇軾黃州時期思想嬗變探析〉，《大連大學學報》2009 年第 2 期，頁 42。

其次，關於蘇軾黃州時期之田園生活與對應的精神面向的研究方面，學者們也掘發出精神與物質二者互動下內在連結性與文化上的、形而上的等意義。如有包含文人文化上希賢與田園結合以為精神寄託的。王兆鵬、陳朝鮮在〈蘇軾躬耕東坡的原因和意義〉說：

> 他之所以選擇東坡躬耕，不僅是為解決生活的困難，滿足長期以來歸隱躬耕的夙願，還因為特殊的文化機緣。蘇軾追慕白居易，嚮往其被謫忠州時隨遇而安的東坡生活，於是黃州東坡也就成為蘇軾理想的棲居之所。躬耕不僅給蘇軾帶來物質條件的改善，也使其精神有了安頓之所，促進了其心態的轉變，使其不斷走近陶淵明，從而成就了中國士大夫文化的另一個標誌性符號。[30]

另有包含形而上以田園為契機思考天人關係的。如張新亞在《文人的理想品格——從陶潛到蘇軾》說：

> 「天人關係」亦即天地與自然與人類社會的關係問題，成為自古以來人們經常探討的哲學命題。古代仁人志士，有不少是喜歡山水田園的。他們怡性田園，縱情山水，發現了田園山水的真美，在田園山水中感悟了人生，實現了與田園山水的和諧相處，以自己的實際行動，深刻闡釋了天

---

[30]　王兆鵬、陳朝鮮：〈蘇軾躬耕東坡的原因和意義〉，《齊魯學刊》（2019 年第 2 期總 269 期），頁 120。

人之間應具備的一種關係[31]。

此處之討論，涉及田園與天人之關係，前賢體察山水田園之美，領悟與田園山水和諧之理，實踐天人和諧之道。還有將文人文化上之希賢與田園結合、更與個人自我認同統一起來的。如宋皓琨在〈黃州耕作：蘇軾接受陶淵明歷程中的關鍵因素——在北宋詩學背景下考察〉說：

> 如果說蘇軾在黃州時期達到了「我即淵明」的境界，那麼到惠州、儋州以後則達到了「淵明即我」的境界。「我即淵明」和「淵明即我」代表著兩個不同的接受層次。「我即淵明」是「我」對淵明的主動認同，即如所謂「塵糟陂裡陶靖節」一樣，「我」與「淵明」是主客體之間的認同關係，淵明是「我」的崇拜物件，「我」以成為「淵明」自許，此時主客體之間是仍是有距離的，王安石對陶淵明的接受即是如此。而在「淵明即我」中，「淵明」已不是高高在上的崇拜對象，而是與接受主體「我」處於平等的地位上，二者合而為一，超越了時空的局限，生活在一個世界裡，且不分彼此。因此只有達到了「淵明即我」的境界，才是接受陶淵明的至境。[32]

---

[31] 張新亞：《文人的理想品格——從陶潛到蘇軾》（濟南：濟南出版社，2004），頁 152-153。

[32] 宋皓琨：〈黃州耕作：蘇軾接受陶淵明歷程中的關鍵因素——在北宋詩學背景下考察〉，《中國韻文學刊》第 31 卷第 4 期 2017 年 10 月，頁 15。

筆者認同宋氏之說，只是對於他所認為的黃州時期蘇軾究竟如何達到了「我即淵明」的境界尚未能深究其所以，此乃本論文研究之重點。

最後，關於學者以竹之意象、松之意象以及舟之意象三者，作為研究蘇軾精神面貌，有由義理面向出發者。如胡戎在〈蘇軾詩詞中的竹文化淺析〉說：

> 蘇軾一生蹭蹬，從年輕時充滿理想抱負的「門前萬竿竹，堂上四庫書」，慢慢轉向了「疏疏簾外竹，瀏瀏竹間雨。窗扉淨無塵，几硯寒生霧」的清冷寧靜，再到「披衣坐小閣，散髮臨修竹。心困萬緣空，身安一床足」的安閒淡定，最後「累盡吾何言，風來竹自嘯」的超然瀟灑。從蘇軾狀竹之變，可以看到詩人從儒家到道家審美情趣的嬗變。態度由入世而出世，思想由儒而道，活動由朝廷而山林，追求由群體社會的倫理價值到個體的人格精神價值，構成了蘇軾生命曲線的走向，涵攝了中國竹文化中的儒家、道家傳統理想人格的二元結構。[33]

胡氏以竹意象之變化，論蘇軾人格精神價值走向。又如余天鵬在〈蘇軾詩文中的松意象解析〉說：「蘇軾一生對松情有獨鍾，其詩文中包含了一個層次清晰、內涵豐富的松意象體系，它既是蘇

---

[33] 胡戎：〈蘇軾詩詞中的竹文化淺析〉，《竹子文化》2018 年 1 月第 37 卷（1），頁 88。

軾集儒釋道為一體的思想表徵」[34]，他將松分為「仙品之松」、「人品之松」與「物品之松」三種品類。其以「仙品之松」屬於釋家、道家，對於道家來說松之長青不凋有長生不老象徵，而寺、廟、觀等宗教場所的詩中，松之存在則營造出清幽的意境；他並以「人品之松」屬於儒家，松之高大挺直的往往象徵著國家的棟樑之才[35]。而黃學文在〈蘇軾舟船意象的轉變與黃州時期《莊子》的接受〉亦以舟作為蘇軾之莊子精神的投射，他說：

> 黃州時期的舟船意象，主要有三：現實困境的小屋逼仄、無用之用的「以順處逆」與自然與隱的「不繫無待」。無用之用的「以順處逆」之舟，如〈水調歌頭·黃州快哉亭贈張偓佺〉中蘇軾便若那駕著扁舟的白頭翁，因能參透莊子方能領略快意之風、快意自適的在快哉亭笑看蘭台公子。而自然與隱的「不繫無待」之舟，如〈臨江仙·夜歸臨皋〉中蘇軾以「小舟」自喻、「江海」喻自然、在野與隱逸，因為無待於利祿故能回到最初的童心與自然。[36]

以上三者中，胡氏以儒家與道家說竹之意象，並將黃州時期之竹視為道家象徵似乎有獨斷之嫌；黃氏將黃州時期舟之意象化約為

---

[34] 余天鵬：〈蘇軾詩文中的松意象解析〉，《樂山師範學院學報》2014年9月，頁13。

[35] 余天鵬：〈蘇軾詩文中的松意象解析〉，《樂山師範學院學報》2014年9月，頁13-16+57。

[36] 黃學文：〈蘇軾舟船意象的轉變與黃州時期《莊子》的接受〉，《問學》25期（2021年8月），頁154-160。

道家莊子有過偏之處；至於余氏以三教釋松之意象較為全面，然他分類中屬於功利性質的「物品之松」，余氏說：「蘇軾在〈東坡八首・並敘〉說，『種棗期可剝，種松期可斫』，『斫』松作用是什麼呢？為門、窗、煮飯的燃料、照明工具、收集松粉、松脂」[37]，實則仍有可溯及儒道之隱性意涵者也。

第三節　章節安排

本論文含前言共分六章。第一章為前言，論研究動機與目的及前人研究等。蘇軾謫黃時期是其思想重要變化期，然歷來對蘇軾思想分期之討論有平面化之傾向，故本文試作細部考察以釐清其面目。本文試以田園、竹、松、舟四者為素材，以具體作品分析考察蘇軾黃州時期之思想變化歷程，探究其精神境界之真實面貌。蘇軾黃州文學變化與謫黃時期思想變化，有何相關性。在儒、釋道三教中蘇軾的思想境界之變化為何，其因應外界變化有何擇取或調整。本文藉其謫黃所書寫之田園、竹、松、舟等意象，分析其思想之內蘊及變化進程。

第二章論蘇軾謫黃之田園書寫，以〈東坡八首〉為素材進行討論[38]。蘇軾〈東坡八首〉為元豐三年底到元豐四年所作之組

---

[37]　余天鵬：〈蘇軾詩文中的松意象解析〉，《樂山師範學院學報》2014年9月，頁15。

[38]　特別聲明：本論文第二章之內容，曾於以〈蘇軾黃州時期田園詩試探——以東坡八首為主要素材〉為題，刊登發表。僅題目與大綱略作調整，其他內容部分僅作局部小幅修改，是已發表論文收入專書中，為避免誤會，特聲明於此。參閱〈蘇軾黃州時期田園詩試探——以東坡八首

詩，紀錄其躬耕田園之心境。據蘇轍〈東坡先生墓誌銘〉稱：
「公幅巾芒屩，與田父野老相從溪谷之間，築室於東坡，自號
『東坡居士』」[39]，蘇軾躬耕東坡為其心境之重要轉折，本文由
此組詩及其詩序，追索蘇軾謫黃處境，探究其心境變遷之過程，
並論及天人關係。此組詩歷來雖亦受到關注，但大多只注意〈東
坡八首〉之局部，並未針對整組詩作討論。即便有所分析，討論
亦較淺近。本文對此組詩之文本作深入解讀，試圖抉發其內在意
蘊。本章內容分三部分：謫黃早期為天窮之境；謫黃晚期為天不
窮之境；謫黃晚期為天養之境，此三階段是蘇軾謫黃心靈境界逐
步提升之進階。本論文討論之田園、竹、松、舟四者以田園為中
心，整體論文也是以〈東坡八首〉為基準，故先論此組田園詩。

　　第三章與第四章為一組，兩者皆為蘇軾謫黃之自然書寫。第
三章論蘇軾謫黃之竹書寫，據學者統計蘇軾詩中之自然書寫，以
詠竹詩數量最高[40]。另外筆者統計蘇軾謫黃之松、竹、梅等書
寫，亦以詠竹詩數量最高[41]，故章節安排先論其竹書寫。蘇軾詩
中頻繁出現之竹意象，有其託寓之意。本章先論蘇軾謫黃所面對

為主要素材〉，《藝見學刊》第 23 期，2022 年 4 月，頁 99-116。

[39] 〔宋〕蘇轍撰，陳宏天、高秀芳點校：《蘇轍集》（北京：中華書局，
1990），頁 1120。

[40] 據羅鳳珠〈從蘇軾詩之興觀群怨探討其動植物詞彙語義〉，統計蘇軾詠
植物詩，詞彙出現頻率，以詠竹詩最高，共計 82 次。參羅鳳珠：〈從
蘇軾詩之興觀群怨探討其動植物詞彙語義〉，「第八屆漢語詞彙語義學
研討會」論文（香港：香港理工大學，2007 年 5 月 21 日－23 日），頁
153-158。出處：http://yzuir.yzu.edu.tw/handle/310901000/67779。

[41] 筆者統計黃州時期蘇軾松、竹、梅、蘭、菊等植物出現頻率，其中詠竹
詩共計 33 次，是數量最高者。

之問題，再藉其竹書寫之微觀分析，探索其如何透過竹意象，表現其對現實之回應，以呈現其謫黃的思想境界之提昇。本章對於蘇軾謫黃之竹書寫，主要分兩部分：早期的畏天盡性之竹；謫黃晚期的成己成物之竹。謫黃早期畏天盡性之竹可呼應〈東坡八首〉的「天窮」；謫黃晚期成己成物之竹呼應〈東坡八首〉的「天不窮」、「天養」。

第四章論蘇軾謫黃之松書寫，學者統計蘇軾詠松詩出現數量為第二高[42]。而筆者統計蘇軾謫黃之松竹梅等之自然書寫，亦以詠松詩數量第二高[43]，故章節安排第二則論松書寫。本文以質量兩方面論蘇軾詠松詩之背景，論宋代松書寫之風氣與松意象之象徵意涵。本文論蘇軾謫黃之松書寫，由形、音等面向切入，考察其精神境界之轉變。本章對蘇軾謫黃之松書寫，分兩部分討論：早期「修身之松」（對應〈東坡八首〉天窮階段）；謫黃晚期「俟命之松」（對應〈東坡八首〉天不窮、天養階段）。最後就蘇軾松書寫，討論其思想與儒釋道之關連性，並論其謫黃時松書寫相對於松書寫之典範其獨創性與擴展性。

第五章論蘇軾謫黃之舟書寫，取材為元豐五年之蘇軾名作：〈前赤壁賦〉、〈念奴嬌・赤壁懷古〉、〈後赤壁賦〉，此三篇作品之寫作時間屬於謫黃晚期，故以其作為謫黃晚期的出入佛老而歸於儒之實證。本章欲論蘇軾謫黃時期之舟書寫，取材此三篇

---

[42] 同上註所引羅鳳珠論文，其統計蘇軾詩中蘇軾詠植物詩，詞彙出現頻率，涉松詩第二高，共計50次，僅次於詠竹詩，出處同上註。

[43] 據筆者以詠松、竹、梅、蘭、菊等辭彙統計黃州時期詩，其涉松詩，共出現17次（松字出現19次，扣除1人名、1地名，故共17次），數量亦僅次詠竹，詠松位居第二。

作品之理由，因此三篇作品寫作時間近，內容皆蘇軾遊赤壁，又三篇作品中多次出現舟，其意涵值得考究。本文試探究此三篇作品之舟意象，以察考其赤壁書寫中舟之寄託意，並以此探究蘇軾謫黃心靈境界之層次。本章主要分三部分，一為〈前赤壁賦〉主客相安之舟，二為〈念奴嬌・赤壁懷古〉虛幻之舟，三為〈後赤壁賦〉思義之舟。三篇文章中以〈前赤壁賦〉所涉及之舟最多，討論亦較多。而〈念奴嬌・赤壁懷古〉與〈後赤壁賦〉是與〈前赤壁賦〉呼應之作。

　　最後一章為結論，分兩部分，一為全文回顧，主要討論本論文之成果發現，透過對於蘇軾謫黃時期以田園、竹、松、舟四者為素材之書寫作討論，理解其精神境界發展之階段性。第二部分為未來研究展望，提出可發展議題。

第二章
蘇軾謫黃時期之精神境界
──　以〈東坡八首〉爲論[1]

第一節　前　言

　　蘇軾於入仕之初甚受仁宗、英宗、神宗賞識，然因其對熙寧變法有所評議，元豐二年因〈湖州謝上表〉激怒變法派[2]，御史臺諫蒐羅其詩文上折糾舉。於同年七月蘇軾被逮赴汴京，經歷百日鍛煉磨勘，於元豐二年十二月二十八日被貶黃州團練副使[3]。蘇軾貶謫黃州時間從元豐二年（1079）至元豐七年四月

---

[1]　特別聲明：本章論文之內容，曾於《藝見學刊》以〈蘇軾黃州時期田園詩試探──以東坡八首為主要素材〉為題發表。在此章中題目與大綱有略作調整，在內容部分僅在局部作小幅修改，為避免疑慮，特別於本書序論與本章最前面說明，特此聲明。參閱〈蘇軾黃州時期田園詩試探──以東坡八首為主要素材〉，《藝見學刊》第 23 期，2022 年 4 月，頁 99-116。

[2]　〔宋〕朋九萬撰，〔清〕李調元輯刊，嚴一萍選輯：《東坡烏臺詩案》（原刻景【百部叢書集成】本）（臺北：藝文印書館，1968），頁 1。

[3]　〔宋〕朋九萬撰，〔清〕李調元輯刊，嚴一萍選輯：《東坡烏臺詩案》，頁 10-11。

（1084），共計四年多。黃州時期是其創作轉捩點，如蘇轍〈東坡先生墓誌銘〉謂：「謫居於黃，杜門深居，馳騁瀚墨，其文一變，如川之方至，而轍瞠然不能及矣」[4]。

　　蘇軾黃州時期之創作風格變化具體展現為作於元豐四年之〈東坡八首〉[5]，此組詩完整表達其到達黃州後，由躬耕田園以

---

[4]　〔宋〕蘇轍撰：《蘇轍集》（北京：中華書局，1990），頁1127。

[5]　關於〈東坡八首〉此組詩之寫作時間，據王文誥《蘇文忠公詩編注集成》之資料與孔凡禮《蘇軾年譜》等材料，兩人訂組詩寫作時間為元豐四年二月（王說）或五月（孔說），總之整組詩寫作時間在元豐四年二至五月。然而我們若能同意此組詩是按時序而作，則可在寫作時間外，依據詩之內容判別其描述對象的生發時間。其詩的描述對象的生發時間，分述如下。《東坡八首‧其一》詩云：「廢壘無人顧，頹垣滿蓬蒿。誰能捐筋力，歲晚不償勞。獨有孤旅人，天窮無所逃。端來拾瓦礫，歲旱土不膏。崎嶇草棘中，欲刮一寸毛，喟焉釋耒嘆，我廩何時高」。此詩之描述對象的生發時間是元豐三年年底（約十一、十二月），證據是其第二聯為「誰能捐筋力，歲晚不償勞」，「歲晚」為年終之意，點明其在東坡墾荒時間在年末。據此可判斷〈東坡八首‧其一〉其詩之描述對象的生發時間，為元豐三年年末。而〈東坡八首‧其二〉詩云：「荒田雖浪莽，高庳各有適。下隰種秔稌，東原蒔棗栗。江南有蜀士，桑果已許乞。好竹不難栽，但恐鞭橫逸。仍須卜佳處，規以安我室。家童燒枯草，走報暗井出。一飽未敢期，瓢飲已可必」。其詩之描述對象的生發時間，推測為元豐三年年末（約十一、十二月）。此詩內容寫未來規劃，時間上推論接近《東坡八首‧其一》。證據是〈東坡八首‧其二〉末聯：「一飽未敢期」，呼應〈東坡八首‧其一〉末聯「我廩何時高」。第一首客觀條件惡劣，地崎嶇不平雜草叢生（「廢壘」、「頹垣」、「滿蓬蒿」），故對未來收成不確定很強。而第二首之「一飽未敢期」，言不敢期待一飽，此時客觀條件在其「墾闢之勞」下變化，土地已初步整理且有規畫（「荒田」），擔憂程度稍緩解。〈東坡八首‧其三〉詩云：「自昔有微泉，來從遠嶺背。穿城過聚落，

體悟天命之心境歷程，有本質的重要性，本文即以此為討論對象。前人對此議題有不少重要討論[6]，整體而言前人關注蘇軾黃

流惡壯蓬艾。去為柯氏陂，十畝魚蝦會。歲旱泉亦竭，枯萍黏破塊。昨夜南山雲，雨到一犁外。泫然尋故瀆，知我理荒薈。泥芹有宿根，一寸嗟獨在。雪芽何時動，春鳩行可膾。〈（蜀人貴芹芽膾，雜鳩肉作之）〉」。其詩之內容據描述對象的生發時間時間，推測為元豐二年一二月。證據是〈東坡八首・其三〉末聯：「雪芽何時動，春鳩行可膾」，「何時動」表示未動，而「春鳩行可膾」，表示時間接近即將春天之時。〈東坡八首・其四〉詩云：「種稻清明前，樂事我能數。毛空暗春澤，針水聞好語。〈（蜀人以細雨為雨毛。稻初生時，農夫相語稻針出矣。）〉分秧及初夏，漸喜風葉舉。月明看露上，一一珠垂縷。秋來霜穗重，顛倒相撐拄。但聞畦隴間，蚱蜢如風雨。〈（蜀中稻熟時，蚱蜢群飛田間，如小蝗狀，而不害稻。）〉新春便入甑，玉粒照筐筥。我久食官倉，紅腐等泥土。行當知此味，口腹吾已許」。此詩其描述對象的生發時間時間，推測為元豐四年一整年，從「清明前」到「新春」。證據是〈東坡八首・其四〉末聯「行當知此味，口腹吾已許」，「已許」是現在完成式，可知是有所經歷才如此說。綜整言，蘇軾《東坡八首》學者認為寫作時間在元豐四年二月到五月，此無疑義。然除寫作時間外，若細究詩之描述對象的生發時間時間，則可分為下面幾組時間。綜整之，學者《東坡八首》：元豐 4 年 2 月（王文誥說）、5 月（孔凡禮）。而我們據描述對象的生發時間，可分以下幾組時間：第一組──天窮：1、2 首（元豐 3 年 11、12 月）；第二組──天不窮：3 首（元豐 3 年 12 月）；第三組──天養：4、5、6、7、8 首（元豐 4 年）。參〔清〕王文誥撰：《蘇文忠公詩編著集成總案》卷 21，（臺北：學海出版社，1991），頁 2。參孔凡禮：《蘇軾年譜》（北京：中華書局，1998），頁 508-509。參張志烈等主編：《蘇軾全集校注》（石家莊：河北人民出版社，2010），頁 2241。

6　前人研究如王兆鵬、陳朝鮮：〈蘇軾躬耕東坡的原因和意義〉，《齊魯學刊》（2019 年第 2 期總 269 期），頁 120-127。宋皓琨：〈黃州耕作：蘇軾接受陶淵明歷程中的關鍵因素──在北宋詩學背景下考察〉，

州時期躬耕田園之動機、原因、意義等較多，而對〈東坡八首〉較少集中探討，或討論較簡略，或僅論局部。然〈東坡八首〉為蘇軾在貶謫下躬耕田園之作，與蘇軾初入仕宦時憫農等社會詩相比較，更切身且深刻。情感思想亦較前期更複雜，內涵更豐富。此組詩是其仕宦挫折遭貶黃州後，對謫黃前思想之反省，亦表現其如何於躬耕生活重獲安身立命之根源，故於其在黃州時期心境之表現與轉變有重要意義。

〈東坡八首〉創作背景及其命名緣由，如下。

蘇軾於黃州躬耕並作〈東坡八首〉，其躬耕之理由為何？其後蘇軾以東坡命名此耕地，並以東坡自號，其命名與自號之原因為何？以下分別說明。

蘇軾〈東坡八首·敘〉論及於此躬耕之契機：

> 余至黃州二年，日以困匱，故人馬正卿哀余乏食，為於郡中請故營地數十畝，使得躬耕其中。地既久荒，為茨棘瓦

《中國韻文學刊》（第 31 卷第 4 期 2017 年 10 月），頁 10-15 轉 23。楊勝寬：〈東坡躬耕的苦與樂〉，《樂山師範學院學報》（社會科學版）（1991 年第 1 期），頁 14-20。許磊：〈鄭文君蘇軾詩歌研究探微——以《詩歌、政治、哲學作為東坡居士的蘇軾》為例〉，《教育觀察》第 3 卷第 4 期，2014 年 2 月，頁 85-87。楊勝寬：〈〈雪堂記〉與蘇軾黃州「適意」的貶謫生活〉，《樂山師範學院學報》（第 26 卷第 7 期 2011 年 7 月），頁 1-7。饒學剛：〈再論蘇東坡文藝創作的高峰在黃州〉，《樂山師範學院學報》（第 21 卷第 10 期 2006 年 10 月），頁 6-13。趙銀芳：〈東坡曠代慕樂天〉，《平頂山學院學報》（第 32 卷第 6 期 2017 年 12 月），頁 89-92。劉強：〈蘇軾的「平生功業」與「憂困書寫」——論蘇軾「和陶」之緣起及其晚年心境〉，《學術論衡》（2021 年第 3 期總第 28 期），頁 71-95。

礫之場，而歲又大旱，墾闢之勞，筋力殆盡。釋耒而嘆，
乃作是詩，自愍其勤，庶幾來歲之入以忘其勞焉[7]。

詩序言蘇軾墾殖東坡乃由於經濟「日以困匱」。元豐三年二月蘇
軾初到黃州，當時僅他與長子蘇邁，藉過去積累官俸及寄居寺院
尚能支持。然元豐三年五月蘇轍要赴任所筠州，順道將兄長家人
悉數攜至黃州[8]。〈東坡八首〉寫作時間為元豐四年二月，其在
黃州薪俸幾乎斷絕而此時人口不少[9]，其經濟更困難，致使馬正
卿感到可「哀」。馬生為蘇軾故人，相識於蘇軾初期仕途順遂
時，而今見其貶謫黃州饔飧不繼故為之哀。但即便在此處境，蘇

7　〔宋〕蘇軾撰；〔清〕王文誥輯注；孔凡禮點校：《蘇軾詩集》（北
　　京：中華書局，2018），頁1079。

8　蘇軾〈今年正月十四日，與子由別於陳州，五月，子由復至齊安，以詩
　　迎之〉。王文誥註：「公既與子由別，子由還至南都，即般契兩房家
　　累，下汴泗渡淮。自廣陵沂江而上，歷金陵、寧國一路以達九江。乃安
　　泊史夫人等於舟中，自送同安君及迨、過等至黃」，蘇轍於元豐三年五
　　月將蘇軾家人護送至黃州。參〔宋〕蘇軾撰；〔清〕王文誥輯注；孔凡
　　禮點校：《蘇軾詩集》（北京：中華書局，2018），頁1051-1052。

9　蘇軾在黃州之經濟狀況與人口，學者曾論，貶謫黃州時其薪俸由原本月
　　俸20千變為4.5千，而其他收入幾乎斷絕。此外在黃州時蘇軾家中人口
　　約20幾人，參蘇軾〈乞常州居住表〉：「祿廩久空，衣食不繼。累重
　　道遠，不免舟行。自離黃州，風濤驚恐，舉家重病，一子喪亡。今雖已
　　至泗州，而資用罄竭，去汝尚遠，難於陸行。無屋可居，無田可食，二
　　十餘口，不知所歸」。參薛穎：〈北宋官員蘇軾的經濟狀況探析〉，
　　《歷史教學》2012年第16期總第653，頁7-12。呂斌：〈蘇軾的經濟
　　狀況及其思想、創作〉，《三峽大學學報》（2010年8月第32卷增
　　刊），頁142-147。〔宋〕蘇軾撰；孔凡禮點校：《蘇軾文集》（北
　　京：中華書局，1996），頁657。

軾仍未感自「哀」，反而是馬生替其感傷。最後亦是馬生出面為蘇軾於黃州刺史徐君猷處，請得廢棄軍營地數十畝「使得躬耕其中」。然即使此為廢棄地，也仍需靠馬生協助才能借得，其在黃州處境之艱難可知。然此地就地理客觀條件言，原為荒廢軍營，崎嶇不平且茨棘、瓦礫遍布。另就天時言，歲逢大旱不利農耕。天時、地利兩不協調，徒勞無功。蘇軾言「墾闢之勞，筋力殆盡」，其勞苦已非一般之苦，要扭轉天時與地利之惡劣條件，故筋力殆盡。然因需要賴此地產出以作為生存依憑，故即使已「筋力殆盡」仍需勉力耕作。以此蘇軾「釋耒而嘆，乃作是詩」，他因而感喟並作詩，言「庶幾來歲之入以忘其勞」，「庶幾」是粗估之詞，蘇軾要以「庶幾來歲之入」忘其「勞」。此句重點在「忘」字，這裡所謂「勞」，不僅指對人力成本的付出，還包括其是否能與天時、地利相順協調的不可知變因的憂心。而所謂「庶幾來歲之入」，則指蘇軾不求來歲豐收，只要求接近最低需求之收成。由「自憫其勤」、「庶幾來歲之入以忘其勞」，可見蘇軾自我體卹以自勉，既已盡人事之勤，但求來歲溫飽，則現在躬耕之苦便可全忘而值得了。

　　關於東坡命名緣由，以下分幾方面討論：地理位置之因素、歷史文化之原因與個人之原因，以下分論之。

　　關於東坡之名是指其地理位置，王文誥註蘇軾〈東坡八首〉稱：「施注：東坡在黃岡山下州治東百餘步」[10]，馮應榴亦引施註說明東坡地理位置[11]。其地在黃州城內東邊，位於黃岡山下故

10　〔宋〕蘇軾撰；〔清〕王文誥輯注；孔凡禮點校：《蘇軾詩集》（北京：中華書局，2018），頁1079。

11　參〔宋〕蘇軾撰；〔宋〕施元之注：《施注蘇詩──附蘇詩補注》（臺

稱坡。學者提出其距黃州州官廳東百餘步[12]，因方位在東故稱東坡。此外陸游很仰慕蘇軾，曾親自到蘇軾之東坡遊歷：「十九日早，遊東坡。自州門而東，岡壟高下，至東坡則地勢平曠開豁」[13]，其指出東坡方位為「自州門而東」，地勢為「岡壟高下，至東坡則地勢平曠開豁」，以此知東坡為位於州門東方山坡中一平曠之地。綜上可知，東坡地理位置應位於黃州城中官廳東邊黃岡山下之一坡地。東坡非蘇軾首創，此名起於唐代白居易，元和十年白居易因武元衡案上疏遭讒言，被貶江州司馬，元和十三年冬白居易調任忠州刺史。白居易在元和十四年到任所忠州，而於元和十五年被召回京[14]。白居易初至忠州時於官署後山坡栽植花樹以遣懷，並將此地命名為東坡。白氏此時詩作有多篇與東坡有關，如〈東坡種花二首〉、〈步東坡〉等，表現其在忠州之生活與心境。如白居易〈東坡種花‧其一〉稱於東坡種花樹（即果樹）[15]，

北：廣文書局出版社，1964），頁 275。

12　王琳詳論東坡雪堂故址亦言及東坡位置，總結雪堂位於黃州城內的青雲街與考棚街之間的大穆家巷側。參王琳祥：〈東坡雪堂故址考〉，《黃岡職業技術學院學報》（第 13 卷第 1 期 2011 年 2 月），頁 1-4。

13　〔宋〕陸游撰：《入蜀記‧老學庵筆記》（上海：上海遠東出版社，1996），頁 63。

14　〔宋〕歐陽修、宋祁、范鎮、呂夏卿等合撰：《新唐書》（臺北：中華書局，2012）（冊 14），頁 4302。

15　白居易〈東坡種花二首‧其一〉：「持錢買花樹，城東坡上栽。但購有花者，不限桃杏梅。百果參雜種，千枝次第開。天時有早晚，地力無高低。紅者霞豔豔，白者雪皚皚。遊蜂遂不去，好鳥亦棲來。前有長流水，下有小平台。時拂台上石，一舉風前杯。花枝蔭我頭，花蕊落我懷。獨酌復獨詠，不覺月平西。」參〔唐〕白居易撰；謝思煒撰：《白居易詩集校注》（北京：中華書局，2006），頁 869-870。

遊賞遣懷。〈東坡種花・其二〉藉種花論牧民[16]，指養花需先救根，引水封土保護根才能枝葉繁茂。白氏藉種花比喻為政，認為牧民首重均稅，次為省刑，以此安養百姓，種花為其政治理念之隱喻。另白居易有〈步東坡〉[17]，言頻繁往來東坡，勤於養護花樹，自喜耕耘有成，隱喻治理有道。結言之，白居易貶忠州時，以東坡之名稱其地，是因地理方位（「城東坡上栽」），而白居易記錄東坡種花之事，是他在忠州兼濟澤民之象徵。

蘇軾貶謫黃州後因生計而請地耕作，並將其地命名東坡，又以此自號。其命名與自號理由為何？馮應榴解釋〈東坡八首〉引用周益公《雜志》說：

> 周益公《雜志》云：白樂天為忠州刺史，有東坡種花二詩。又有（步）上東坡詩云：朝上東坡步，暮上東坡步。東坡何所愛，愛此新成樹。蘇文忠公不輕許可，獨敬白樂天，屢形詩篇。蓋其文章意主辭達，而忠厚好施，剛直盡

---

16 白居易〈東坡種花二首・其二〉：「巴俗不愛花，竟春無人來。唯此醉太守，盡日不能回。東坡春向暮，樹木今何如？漠漠花落盡，翳翳葉生初。每日領童僕，荷鋤仍決渠。劃土壅其本，引泉溉其枯。小樹低數尺，大樹長丈餘。封植來幾時，高下齊扶疏。養樹既如此，養民亦何殊？將欲茂枝葉，必先救根株。云何救根株？勸農均賦租。云何茂枝葉？省事寬刑書。移此為郡政，庶幾岷俗蘇」。〔唐〕白居易撰；謝思煒撰：《白居易詩集校注》，頁 870-871。

17 白居易〈步東坡〉：「朝上東坡步，暮上東坡步。東坡何所愛，愛此新成樹。種植當歲初，滋榮及春暮。信意取次栽，無行亦無數。綠陰斜景轉，芳氣微風度。新葉鳥下來，萎花蝶飛去。閒攜斑竹杖，徐曳黃麻屨。欲識往來頻，青蕪成白路」。〔唐〕白居易撰；謝思煒撰：《白居易詩集校注》，頁 878。

言與人有情，於物無著，大略相似。謫居黃州，始號東坡，其原蓋起於樂天忠州之作也[18]。

馮應榴引《周益公雜志》之論，稱蘇軾「不輕許可，獨敬白樂天」[19]，因敬慕白居易故蘇軾將黃州耕地亦命名東坡。「獨敬」應予以說明，蘇軾敬服白居易，然其亦敬慕陶淵明，白居易與陶淵明為蘇軾敬佩之兩個典範。而此處周氏言「獨敬」，應是著眼於蘇軾與白居易之相近處而言。周益公言蘇軾與白居易相近處有二：一文學主張近，皆主張文章應通達曉暢。二兩人性格相近，其舉出四點：忠厚好施、剛直盡言、與人有情、於物超脫等。「忠厚好施」是指兩人皆富於仁愛兼濟心；「剛直盡言」是指兩人皆剛直敢言，《新唐書·白居易》：「（白居易）後對殿中，論質強鯁……帝變色，罷，謂李絳曰：『我叵堪此，必斥之』」[20]，幸李絳力勸，白居易方得保全，其剛直由此可見。而蘇軾因詩下獄幾死，亦因剛直敢言。而「與人有情」指兩人性格皆較熱忱開放。「於物超脫」物指物質，指兩人皆較不執著於物欲。此外兩人仕宦經歷相近，皆曾任杭州官員[21]，故蘇軾將其耕地也命

18　〔宋〕蘇軾撰；〔清〕馮應榴輯注，黃任軻、朱懷春點校：《蘇軾詩集合注》（上海：上海古籍出版社，2001），頁1039。

19　周必大《二老堂詩話》與引文有幾個字不同。〔宋〕吳聿撰、〔宋〕周必大撰、〔宋〕曾季狸撰、〔宋〕周紫芝撰：《觀林詩話·二老堂詩話·艇齋詩話附校訛·續校·補校·竹坡詩話》（上海：商務印書館，1936）《叢書集成初編》，頁12-13。

20　參〔宋〕歐陽修等撰：《新唐書》，頁4302。

21　蘇軾在烏臺詩案前曾任杭州通判，詳《宋史·蘇軾傳》。白居易任杭刺史事詳《新唐書·白居易》。參楊家駱主編：《新校本宋史并附編三

名東坡，並以東坡自號。然東坡一地對兩人意義亦有不同之處，白居易在忠州身分為刺史有職務與薪俸，種花調適心情並藉之暗喻政治懷抱。而蘇軾貶謫黃州雖有官銜（團練副使），然不得簽署公事，實為被監管罪臣，無職權且薪俸甚微薄，處境比白居易在忠州困難。蘇軾需藉東坡以維持生計，〈東坡八首〉為蘇軾於黃州努力耕作求生存之客觀生活與主觀思考之紀錄。

第二節　早期：天窮之境

〈東坡八首〉為蘇軾躬耕黃州所作之組詩，八首之意義相關，非僅為客觀力耕之記事，其中表現豐富之意蘊，即對天命體證之辯證關係。本文嘗試將此八首詩分三組討論：第一組（一、二首）早期為天窮之境。第二組（第三首）晚期為天不窮之境。第三組（四、五、六、七、八首）晚期天養之境。此三組詩分別表現蘇軾在東坡之三層次變化，包含客觀環境之變化與主觀心境之變化，分論於下。

以下論早期之天窮之境。《東坡八首‧其一》作於元豐四年，描述對象的生發時間為元豐三年年底（約十一、十二月）[22]，此詩表現蘇軾當時之物質條件、心理狀態與客觀環境。其由耕地條件、節氣、天時等面相論天窮：

種》（臺北：鼎文書局，1983），頁 10808；〔宋〕歐陽修等撰：《新唐書》（冊 14），頁 4302。

[22] 〈東坡八首〉寫作時間有兩說王文誥（元豐四年二月）、孔凡禮（元豐四年五月）。而筆者以詩之內容表現之時間為主，將時間訂於元豐三年十一、十二月。詳參本章註 5，以下同此。

廢壘無人顧，頹垣滿蓬蒿。誰能捐筋力，歲晚不償勞。獨
有孤旅人，天窮無所逃。端來拾瓦礫，歲旱土不膏。崎嶇
草棘中，欲刮一寸毛，喟然釋耒嘆，我廩何時高[23]。

第一首論天窮與孤旅，此詩首二聯「廢壘無人顧，頹垣滿蓬蒿。
誰能捐筋力，歲晚不償勞」，蘇軾耕作地為廢棄故營地，頹垣斷
壁蓬蒿叢生。又時序屆冬不利作物成長，誰都不願費心力在此耕
作，因事倍功半，收穫付出不成比例。「獨有孤旅人，天窮無所
逃，端來拾瓦礫，歲旱土不膏」，蘇軾所言之「天窮」可以其遭
遇分前後階段。元豐二年烏台詩案爆發，局勢可能往好或往壞發
展，命運將蘇軾推向壞的一面。大獄後又遭貶荒僻，在黃州又遭
乏食之苦，欲耕作自給又天時、地利等客觀條件不佳。「天窮」
為蘇軾將其所遭遇之困頓歸於天，一般之窮尚有解決方法，天窮
是真窮途末路，無法可解。因此地原本為廢壘，由於此特殊狀
況，故須去除瓦礫才能耕種，還遇上歲旱缺水，故無法種植。
「崎嶇草棘中，欲刮一寸毛、喟然釋耒嘆，我廩何時高」，要在
此地勢崎嶇雜草叢生之地耕作，期待收穫就如要在不毛之地刮一
吋毛，表示極度困難，反之欲刮一吋毛為其最大希望，足見情況
之艱難。他嘆「喟然釋耒嘆，我廩何時高」，墾闢之初百廢待
舉，而收成卻遙遙無期。本詩中多處透顯與「天窮」和「孤旅」
的關係，「窮」與「孤」如果僅是環境自然之困厄阻礙，並不至
於讓人絕望，真正讓人絕望的是無盡的阻礙與孤立，如此才會無

---

23 〔宋〕蘇軾撰；〔清〕王文誥輯注；孔凡禮點校：《蘇軾詩集》（北
   京：中華書局，2018），頁 1079。

所逃。蘇軾之「孤」是孤獨，此外「孤」還表示孤立無援，雖然仍有朋友，但有無力感。而「旅」相對於歸，此時蘇軾身無所依歸，志向無所歸，所以有「孤旅」之感。另外「廢壘」之廢字有被棄之感，一方面是自己孤立無援，一方面也是別人孤立他。

作於元豐三年底（約十一、十二月）之〈東坡八首〉第二首詩[24]，為蘇軾對東坡之規劃，此詩為天窮與天不窮的過渡：

> 荒田雖浪莽，高庳各有適。下隰種粳稌，東原蒔棗栗。江南有蜀士，桑果已許乞。好竹不難栽，但恐鞭橫逸。仍須卜佳處，規以安我室。家童燒枯草，走報暗井出。一飽未敢期，瓢飲已可必[25]。

此詩首二聯「荒田雖浪莽，高庳各有適。下隰種粳稌，東原蒔棗栗」，蘇軾所墾荒地雖廣闊，亦須予以安排，地勢高低各有合適之作物。在〈東坡八首〉第一首蘇軾對農事尚不在行，而此時已能規劃，「荒田」呼應「廢壘」，表示經過一段時間努力地貌已有變化。「下隰種粳稌，東原蒔棗栗。江南有蜀士，桑果已許乞」，蘇軾規畫低窪濕地種稻，東邊寬廣平地植棗栗。蘇軾有來自蜀地之好友王文甫，應允所求之桑果[26]。在〈東坡八首〉第一

---

[24] 從墾荒之地還稱荒田，推論其時間在元豐三年年底。至第三首才有「雨」、「雪芽何時動」、「春鳩」等象徵春季之景物，此詩時序應早於第三首。

[25] 〔宋〕蘇軾撰；〔清〕王文誥輯注；孔凡禮點校：《蘇軾詩集》（北京：中華書局，2018），頁1080。

[26] 「蜀士」指王文甫，據王十朋注引趙次公稱：「蜀士，意謂王文甫矣。

首詩末蘇軾還悲觀喟嘆「我廩何時高」，而此時除規畫種植主要糧食，還規劃植棗栗、桑果，表現其投入墾殖，對未來作較長遠安排，有較正面心態。「好竹不難栽，但恐鞭橫逸。仍須卜佳處，規以安我室」，蘇軾對東坡還另有規劃，「好竹不難栽，但恐鞭橫逸」，言其想種植竹，竹易栽種然其地下根卻易亂竄，須選擇好地點作築屋安居之地。「仍需卜佳處」表示蘇軾欲在東坡築室，認為應妥善安排築屋地點，需與竹叢保持距離，以免竹根破壞房室地基。詩末「家童燒枯草，走報暗井出。一飽未敢期，瓢飲已可必」，此兩聯為轉折，家僕墾荒焚燒雜草意外發現暗井，「走報」表達興奮之情，發現隱藏雜草下之暗井，有井則有水可飲[27]。末句「一飽未敢期，瓢飲已可必」，蘇軾不敢期望在東坡耕作能得一飽，而發現暗井則已可確定能有水可飲。此詩前幾聯皆尚在論作物，又言桑果，其後則有住宅規畫。若桑樹與蠶有關，則食、衣、住等問題皆已包括，最後則論飲水。然此處仍有「一飽未敢期」之隱憂，有田地、有井水未必即能一飽。此地耕作無天時、少地利、逢歲旱等，加之蘇軾之農事專業力不足，實無法樂觀。

文甫乃嘉州犍為人，居於武昌。先生在黃州謫居時，蓋常與文甫往還矣」。馮應榴引堯卿：「先生答〈秦太虛書〉云：『所居對岸武昌，山水絕佳。有蜀士王生，在邑中往往為風濤所隔，不能即歸，則王生能為殺雞炊黍，至數日不厭』」。〔宋〕蘇軾撰；〔清〕馮應榴輯注；黃任軻、朱懷春點校：《蘇軾詩集合注》，頁1040。

27　蘇軾〈與王定國〉：〈耕荒田〉詩有云：「『家童燒枯草，走報暗井出。一飽未敢期，瓢飲已可必。』……此句可以發萬里一笑也。」參〔宋〕蘇軾撰；孔凡禮點校：《蘇軾文集》（北京：中華書局，1996），頁1521。

本詩中竹是一個特點，蘇軾論竹有「無竹使人俗，無肉使人瘦」（〈於潛僧綠筠軒〉[28]）表現竹之雅。蘇軾論竹之高風亮節寧折不屈很具特色，而本處提出「好竹不難哉，但恐鞭橫溢」兩句作討論，蘇軾才擁有耕地便想種竹，足見其對竹之重視，又以「好」稱竹，其愛竹是很明顯的。但「鞭橫溢」一辭值得思考，橫溢是逸出，超過，過猶不及，再好的品格若自矜則形成驕傲，失君子有節之本質。任何事皆要中節，持守中庸之道。

末聯言「家童燒枯草，走報暗井出。一飽未敢期，瓢飲已可必」，詩末發現「暗井」值得探究，因井與飲水相關，故以井聯繫「瓢飲」，此暗用顏淵典故。孔子論顏淵：「賢哉！回也！一簞食，一瓢飲，在陋巷，人不堪其憂，回也不改其樂」[29]。（《論語·雍也》）此處出現「瓢飲」，蘇軾似隱然自我期許如顏淵安貧樂道。「一飽未敢期」是他自我惕勵，也表示其處境，人被壓迫至絕境可能會產生反彈，亦有危險性。「君子固窮，小人窮斯濫矣」[30]（《論語·衛靈公》），困境中更需重視其自身之修養，修身以俟命。

第三節　晚期：天不窮之境

作於元豐三年十二月之〈東坡八首〉第三首，此詩延續〈東

28　〔宋〕蘇軾撰；〔清〕王文誥集注；孔凡禮點校：《蘇軾詩集》，頁448。

29　〔宋〕朱熹集注：《論語》《四書集注》（臺北：藝文印書館，1980），卷3，頁14。

30　〔宋〕朱熹集注：《論語》《四書集注》卷8，頁1。

坡八首〉第二首論水，水之獲得亦生機之表現。本詩之重點在
「宿根」，此亦隱含蘇軾心境轉變之線索：

> 自昔有微泉，來從遠嶺背。穿城過聚落，流惡壯蓬艾。去
> 為柯氏陂，十畝魚蝦會。歲旱泉亦竭，枯萍黏破塊。昨夜
> 南山雲，雨到一犁外。泫然尋故瀆，知我理荒薈。泥芹有
> 宿根，一寸嗟獨在。雪芽何時動，春鳩行可膾[31]。

在〈東坡八首〉第二首言暗井，而此首則言泉，兩首相呼應。井
為鑿地得地下水。泉水為地底湧出水，作為數十畝東坡灌溉之用
須仰賴泉水。詩前兩聯：「自昔有微泉，來從遠嶺背。穿城過聚
落，流惡壯蓬艾」，此地本有一微泉從遠嶺來，穿越城、村流至
此地，「流惡壯蓬艾」，泉水流至此地，但此處原為荒地，僅能
使蓬艾等雜草長高，無助於任何作物，故稱「流惡」。「去為柯
氏陂，十畝魚蝦會。歲旱泉亦竭，枯萍黏破塊」，泉水遠離東坡
流往柯家坡，聚流為十畝大池蓄養魚蝦。而此時正值乾旱，泉水
枯竭，萍草枯死黏於龜裂水源底土上，連水源地都乾涸至底土皆
龜裂。「昨夜南山雲，雨到一犁外。泫然尋故瀆，知我理荒
薈」，此為本詩轉折，「昨夜南山雲，雨到一犁外」，昨日降一
夜雨，雨水超過一犁深，雖不能解旱但足以春耕[32]。然此地乾涸

31　〔宋〕蘇軾撰；〔清〕王文誥輯注；孔凡禮點校：《蘇軾詩集》（北
　　京：中華書局，2018），頁1080。

32　曾雄生引《鳳翔縣志・食貨志》：「雨以入土深淺為量，不及寸謂之一
　　鋤雨，寸以上謂之一犁雨，雨過此謂之雙犁雨」。參曾雄生：〈中國古
　　代雨量器的發明和發展〉，《人文與社會學報》（義守大學通識教育中

非常，久旱逢霖地必善吸水。而雨水入土約一犁深，故聚集之水流亦小。而此雨水「泫然尋故瀆，知我理荒薈」，其循舊水道潺潺流至東坡，「知我理荒薈」，此用擬人法，天似知蘇軾於黃州治理荒地，故前來以雨水協助其春耕。

　　此詩中有重要之關鍵出現──夜雨。此詩中「泫然尋故瀆，知我理荒薈」之「知」為擬人法，誰「知我理荒穢」？溪水與降雨關係密切，溪水是來自「南山雲」，而雲實來自天，故此「知」字實暗指天。天知蘇軾墾荒辛勞，以一雨助其春耕。而前謂「惡流壯蓬艾」，乃因泉流至荒地只助長雜草，然今蘇軾墾荒使廢壘轉為耕地，惡泉變為有用，能助蘇軾農耕。泉原無助農耕，下雨原對誰都無幫助，而今此溪流得昨夜雨水匯聚，流到此地，此雨水溪流只對蘇軾有助益，故此處「知」字天人共感很強。對別人言此是惡流，然對蘇軾言此是助其春耕之水。

　　末兩聯「泥芹有宿根，一寸嗟獨在。雪芽何時動，春鳩行可膾」，泥芹根雖僅一寸，但有根即可長成完整植物，根即蘊藏全部的生命。「獨在」，植物之所有莖葉等皆已全毀壞，僅有其根還在，故稱「獨在」。「雪芽何時動，春鳩行可膾」，此處蘇軾自注：「蜀人貴芹芽膾，雜鳩肉作之」[33]。蘇軾注蜀人喜芹芽膾雜鳩肉之美味之事，詩末美食不僅指美食，此亦是比興手法。此詩涉及不同季節，宿根到雪芽萌動再到享用，是連動性比喻。為何要強調「一寸」，宿根藏在地底，僅有一寸之微，其根還在，雪芽也還在。「雪芽何時動」之意義很微妙，「何時動」表示即

　　心）（第 2 卷第 2 期 2008 年 6 月），頁 43-70。

[33]　〔宋〕蘇軾撰；〔清〕王文誥輯注；孔凡禮點校：《蘇軾詩集》（北京：中華書局，2018），頁 1080。

將要動，宿根此時是潛伏狀態，但當此泥芹待到適宜時機便生機勃發。此隱含蘇軾對未來的態度，他經世濟民的志向，透過潛伏，未來仍然能有切實作為。所以重點不在飲食，詩教重比興，此處有季節性的書寫，雪芽從潛伏到萌動到勃發。泥芹之宿根是經霜雪淬礪過的，其能蟄伏並保存其根，表現抗壓迫的特質，「君子自強不息」，若止息則僅是隨波逐流者而非君子。

　　蘇軾認為此水為天助，天知其苦旱願助其一力助耕。此詩與第一首呼應，而至天降甘霖轉而感懷天之玉成，前苦後樂互為呼應，亦顯現於困境中不願表現怨天尤人之態度。

　　此首詩之關鍵字在「宿根」，重點不在有無食，或有無雨，而在其心境之轉變。在第一組詩中，未必沒有跡象顯示環境有變化，但重點在其心境沒有轉變，詩詞重視言外之意的分析，「宿根」之根指源、靈台、心、志，此是終始的問題，實踐志向之初多能志於道，然而要注意是否能矢志不渝，《孟子·盡心》：「仰不愧於天，俯不怍於人」並非易事[34]。原初蘇軾立志高遠，為何立志如此高，因其自覺為百姓有公心，故自覺可以實行。然而現實仕途中，實踐志向並不如預先設想容易，被貶謫黃州更是其志向一大重挫。蘇軾於黃州初期希望破滅，更對於往昔之行為，自我省察，對於其志向又有另一層次之理解與思考。此時此地言「泥芹有宿根，一寸嗟獨在」，言其重獲原本之根源，其心與志，在此困厄環境中，仍保留珍貴之根本。所謂天不窮是呼應第一期之天窮，要能夠克服天窮之困境，仍要從自己找到問題根

34　〔宋〕朱熹集注：《孟子》《四書集注》（臺北：藝文印書館，1980），卷13，頁7。

源與解決之方法，即其志於道的本心。

第四節　晚期：天養之境

〈東坡八首・其四〉寫作時間為元豐四年，詩的內容之描述
對象的生發時間為元豐四年整年。此詩言其種稻之春耕、夏耘、
秋收、冬藏，蘇軾詩中之關鍵為「樂事」與「此味」：

> 種稻清明前，樂事我能數。毛空暗春澤，針水聞好語。分
> 秧及初夏，漸喜風葉舉。月明看露上，一一珠垂縷。秋來
> 霜穗重，顛倒相撐拄。但聞哇隴間，蚱蜢如風雨。新春便
> 入甑，玉粒照筐筥。我久食官倉，紅腐等泥土。行當知此
> 味，口腹吾已許[35]。

第四首詩言在清明節氣前種稻，能歷數種稻歷程與收穫之樂事。
首句「種稻清明前，樂事我能數」，此為春耕，蘇軾在此地如農
人依四時節氣耕作，清明前後氣候溫暖雨水豐沛，趁此節候培育
秧苗，農家雜務，瑣碎繁瑣，其卻感興味無窮。第二聯「毛空暗
春澤，針水聞好語」，蘇軾自注：「蜀人以細雨為雨毛。稻初生
時，農夫相語稻針出矣」[36]，初春多雨常陰，濛雨正適秧苗成
長，低窪處滿聚雨水，豐沛雨水正是種稻最重要之條件。秧苗初

---

[35]　〔宋〕蘇軾撰；〔清〕王文誥輯注；孔凡禮點校：《蘇軾詩集》（北京：中華書局，2018），頁1081。

[36]　〔宋〕蘇軾撰；〔清〕王文誥輯注；孔凡禮點校：《蘇軾詩集》（北京：中華書局，2018），頁1080。

生狀如細針，農人見而喜悅相語。第三、四聯「分秧及初夏，漸喜風葉舉。月明看露上，一一珠垂縷」。立夏時節分秧至田地，以使植株茁壯分蘗。夏季天候炎熱雷雨多，稻苗成長快速，稻葉漸茂，喜其葉片已隨風擺動。而夏夜稻葉垂懸如珠縷之露水，稻苗歷春耕、夏耘，其穗已漸孕育。第五聯「秋來霜穗重，顛倒相撑挂」，秋季稻熟穗滿，其莖難負荷其實，故傾倒彼此相撑挂。第六聯「但聞畦隴間，蚱蜢如風雨」，此指秋收，蘇軾自注：「蜀中稻熟時，蚱蜢群飛田間，如小蝗狀而不害稻」[37]，聽聞田埂間蚱蜢穿梭飛翔如微風細雨交織，以歡騰氣氛作為豐收前奏。第七聯「新春便入甑，玉粒照筐筥」，指冬藏，新收穀舂成米放入瓦甑蒸煮，而收穫之米置於各狀儲器中，表示品嚐並收藏辛勞耕耘成果。第八、九聯「我久食官倉，紅腐等泥土。行當知此味，口腹吾已許」，此為蘇軾自言食官廩經驗，反省仕宦與躬耕兩種立場對稻米體認之轉變。前句「玉粒」與此句「紅腐」對舉，「玉」言其瑩潔珍貴。蘇軾自省久食官倉，將稻米視同為泥土，認為其平凡無價值，才會致使其霉爛紅腐。「行當知此味，口腹吾已許」，今親力親為力耕田畝，對獲致盤中飧之艱辛過程能夠明白，了解力耕中之苦樂，如今真正「知此味」，老天已經允許其得到生存所需之糧食。蘇軾此詩與真正農人有何不同，他以前久食官倉，所以他對春耕、夏耘、秋收、冬藏的理解是抽象的。而經歷種稻之歷程，他在其中有觀察、有審美，這是他與農夫之不同，他觀察其所以然，能抉發其美，有知性有觀察，有美

---

[37] 〔宋〕蘇軾撰；〔清〕王文誥輯注；孔凡禮點校：《蘇軾詩集》（北京：中華書局，2018），頁1080。

感有體悟。此前他對田園抱持美好幻想，以為歸園田居很適意，因他以前是食官倉。而他現已知田園生活是很辛苦的，「此味」是他現在真正能體會田園之苦樂，田園非僅是想像般的簡單，此時知道過往的虛幻性，知田園生活真實性的考驗，此不只是個人意志可以決定，田園生活可能換來「一飽未敢期」或飢寒交迫，這些並非能得到保證之事。

　　元豐四年之〈東坡八首〉第五首，言一切作物。此詩之關鍵字為「幸」，蘇軾言在墾殖時受到老農之幫助：

> 良農惜地力，幸此十年荒。桑柘未及成，一麥庶可望。投種未逾月，覆塊已蒼蒼。農夫告我言，勿使苗葉昌。君欲富餅餌，要須縱牛羊。再拜謝苦言，得飽不敢忘[38]。

第五首言幸此十年荒之內涵。「良農惜地力，幸此十年荒」，「惜地力」跟「十年荒」有關，良農予土地定期休息避免過度損耗。「幸此十年荒」，指蘇軾慶幸此地有十年荒，「荒」有兩意，因未被耕種而荒廢或指不毛之地種不出作物。蘇軾墾荒之苦，因農作物成長茂盛，使蘇軾重新思考其價值。荒地由於中間休息「十年」，其地力之充足可想而知，因一切作物成長的好故其言「幸」，回顧之前付出終有代價。「桑柘未及成，一麥庶可望」言桑柘等尚未有成果，但麥苗茂盛可以期盼有收成。「投種未逾月，覆塊已蒼蒼」，其種麥未滿一月麥苗已能覆土，長勢旺

---

[38]　〔宋〕蘇軾撰；〔清〕王文誥輯注；孔凡禮點校：《蘇軾詩集》（北京：中華書局，2018），頁 1081-1082。

盛，此句可呼應第一首末句「我廩何時高」，前憂後喜，表現蘇軾心境之轉變。「農夫告我言，勿使苗葉昌。君欲君欲富餅餌，要須縱牛羊」，對此茂盛麥苗，言有經驗之農夫告訴蘇軾不可讓麥苗茂盛，言若要收穫好，須縱牛羊踩踏麥田，經此麥苗才能長好[39]。末句「再拜謝苦言，得飽不敢忘」，言其感謝之情，再拜為隆重禮節，蘇軾極感謝農夫提供種麥關竅，若能得一飽不敢忘其恩。蘇軾是仕農夫幫助卜得飽，故得飽不敢忘其所教之寶貴經驗，與其所帶來足食之恩惠。

此詩中第一句「幸」字是整組詩之轉折處，蘇軾改變想法覺天不窮我。天意究竟如何？以人度天未必能正確理解，天意非人所可以揣度。但若只依據天也未必能夠成功，中間還須自力與人力幫忙，所以論及「農夫告我言」。整組詩開始覺老天對其眷顧，故言天養，故言「幸此十年荒」。然天助外也須有後天人力協助，外來之幫助即「農夫告我言」。不管所信仰之天、協助其耕作之農夫，蘇軾都不敢忘其恩惠。除謝人也謝天，因天意安排此地有十年荒，蘇軾今日才能「得飽」。若無此土地條件，農夫告其耕種經驗亦無用。「再拜謝苦言，得飽不敢忘」，表達欲有

---

[39] 周紫芝《竹坡詩話》：「東坡詩云：『君欲富餅餌，會須縱牛羊。』殊不可曉。河朔地廣，麥苗彌望，方其盛時，須使人縱牧其間，踐踏令稍疏，則其收倍多，是縱牛羊所以富餅餌也」。參〔宋〕吳聿撰、〔宋〕周必大撰、〔宋〕曾季狸撰、〔宋〕周紫芝撰：《觀林詩話・二老堂詩話・艇齋詩話附校訛・續校・補校・竹坡詩話》（上海：商務印書館，1936）《叢書集成初編》，頁 1-2。程民生《宋代地域經濟史》說：「從生長期分冬麥春麥……春麥正月種，夏季收」。又引上述周紫芝之言，並說此式採取傳統初春鎮壓法。程民生：《宋代地域經濟史》（臺北：昭明出版社，1999），頁 104。

所得要先有所捨之種麥經驗，此非甘言，非一般人所喜聞樂見之
理，故是苦言。原以為「天窮」，其實天不窮人，但此亦需要人
之自覺，若無自覺則對於其處境可能會誤解。如〈東坡八首・其
三〉蘇軾將泉水視為惡流，稱「惡流壯蓬艾」。然一場夜雨，雨
水匯聚流到泉水之舊河道流到東坡，助他春耕，此時泉水不再是
惡流，而是助他春耕的好泉。而《東坡八首》第一首詩其感到
「天窮」，對於此耕地之客觀條件評價很低「廢壘無人顧，頹垣
滿蓬蒿」、「端來時瓦礫」等，而在第五首才領悟到此惡地、惡
水之價值，故言「幸」。

　　作於元豐四年之〈東坡八首〉第六首，內容在言其種植果樹
及其相關之事，此詩重點在種植柑橘與「吾計」：

> 種棗期可剝，種松期可斫。事在十年外，吾計亦已慼。十
> 年何足道，千載如風電。舊聞李衡奴，此策疑可學。我有
> 同舍郎，官居在灒岳。遺我三寸甘，照座光卓犖。百栽儻
> 可致，當及春冰渥。想見竹籬間，青黃垂屋角[40]。

詩首二聯稱「種棗期可剝，種松期可斫。事在十年外，吾計亦已
慼」，本詩表層意思為其種樹之計畫，種棗、松皆期待收成，而
棗、松等樹是需要漫長時間才能收成的，與種稻麥一年一收不
同，故稱「事在十年外，吾計亦已慼」，種樹需要十年的規劃，
蘇軾自稱其種果樹松樹之計畫確實可行，此正合於十年樹木之

---

[40]　〔宋〕蘇軾撰；〔清〕王文誥輯注；孔凡禮點校：《蘇軾詩集》（北
京：中華書局，2018），頁1082。

論。然為什麼蘇軾為何要在東坡種棗、松（後文還有柑橘）？為什麼首句寫兩次「期」，期指期望，蘇軾所真正期望者為何？他之前歸園田居是美好幻想，經歷種稻他已體會田園之真滋味。而此首為何他要種樹，並稱此是踏實之計畫。蘇軾的詩要落實於現實之中考察，唯有有堅實基礎才能稱「吾計亦已愨」。首先為何要寫種棗，《詩經・豳風・七月》：「八月剝棗，十月穫稻」[41]，表現農民生活的樸實與忙碌。而又為何寫種松，《論語・子罕》：「歲寒然後知松柏之後凋」，松柏木質堅實可為棟樑，其特質深為孔子欣賞，以其作為亂世中流砥柱君子人格之象徵。詩中又論及種橘，「十年何足道，千載如風雹。舊聞李衡奴，此策疑可學」。十年的時間蘇軾覺得「何足道」？千年在蘇軾眼中亦是「如風雹」，為何如此？因蘇軾已超越經驗的時間，追求永恆的時間。為何言「青黃垂屋角」？此是蘇軾懸想未來種橘之景色。然為何蘇軾這麼期待看到這個景象？屈原《九章・橘頌》：「青黃雜揉，文章爛兮」[42]，與蘇軾本詩中「想見竹籬間，青黃垂屋角」，兩「青黃」相呼應。橘在蘇軾此詩中可能蘊含兩意涵，一是治家，用李衡種橘為奴之典，表達治家與歸隱之想。其二與屈原《九章・橘頌》，屈原之橘內外兼修、文采爛然等特

---

[41]　〔清〕王先謙撰：《詩三家義集疏》（臺北：明文書局，1988），頁519。

[42]　〔戰國〕屈原：《楚辭・九章・橘頌》：「後皇嘉樹，橘徠服兮。受命不遷，生南國兮。深固難徙，更壹志兮……青黃雜糅，文章爛兮。精色內白，類可任兮。紛縕宜修，姱而不醜兮……秉德無私，參天地兮」。參〔宋〕洪興祖撰：《楚辭補注》（臺北：大安出版社，2007），頁230-233。

質。南方之橘既包含有內在品質又有美好光彩，並且有美好果實，正是君子之象徵。蘇軾以松、喻心志堅貞與耐寒之君子，以橘寓內外兼修之君子，兩者之意象可通解，表達他對君子人格之嚮往。故而蘇軾在詩中要種棗、種松、也要種橘，此是他如一般農夫般勞於農務生活。亦隱含他的自我期許如松歲寒不凋，堅貞不屈，亦欣賞橘有內在優美品德與美好才華。

作於元豐四年之〈東坡八首〉第七首，此論蘇軾在黃州結交可與其共患難之友人。對照第一首，他稱自己為孤旅人，到這首詩有一個反轉的力量，他已跳脫「孤旅人」畫地自限的想法，這是觀念的超越。

> 潘子久不調，沽酒江南村。郭生本將種，賣藥西市垣。古生亦好事，恐是押牙孫。家有一畝竹，無時容叩門。我窮交舊絕，三子獨見存。從我於東坡，勞餉同一餐。可憐杜拾遺，事與朱阮論。吾師卜子夏，四海皆弟昆[43]。

蘇軾在此地結交潘、古、郭等友人，「潘子久不調，沽酒江南村。郭生本將種，賣藥西市垣。古生亦好事，恐是押牙孫」，潘子為進士久不得調職，在此賣酒維生[44]，郭生出身將門隱身西市

---

[43] 〔宋〕蘇軾撰；〔清〕王文誥輯注；孔凡禮點校：《蘇軾詩集》（北京：中華書局，2018），頁1083-1084。

[44] 張志烈等《蘇軾全集校注》認為潘子是潘丙。參張志烈等主編：《蘇軾全集校注》（石家莊：河北人民出版社，2010），頁2255。

賣藥[45]，古生為有心人[46]，如〈無雙傳〉之押牙孫，身懷異能守
忠信[47]。古生「家有一畝竹，無時容叩門」，其多種竹，允許蘇
軾隨時扣門入看[48]。「我窮交舊絕，三子獨見存。從我於東坡，
勞餉同一餉」，在黃州之蘇軾以前友人多斷絕聯繫，但此三人卻
與其交往，且隨其在東坡勞作，不分彼此協助墾荒，勞作後同飲
食。「可憐杜拾遺，事與朱阮論」蘇軾引用杜甫事，杜甫〈絕句
四首〉，「堂西長筍別開門，塹北行椒卻背村。梅熟許同朱老
吃，松高擬對阮生論」[49]，其參照杜詩，杜甫與友人分享食物共
論懷抱，蘇軾之友卻能與其共苦共勞，為可共患難之友。「吾師
卜子夏，四海皆弟昆」，蘇軾援用子夏「四海皆兄弟」之論，不
僅將三人當友人，是視同手足兄弟般親近友愛、同甘共苦。

　　元豐四年之〈東坡八首〉第八首，此詩專論馬正卿。此地因
他而得，最後亦以他作結：

　　　　馬生本窮士，從我二十年。日夜望我貴，求分買山錢。我

45　郭生是郭遘，郭宗興。〔宋〕蘇軾撰；〔清〕王文誥輯注；孔凡禮點
　　校：《蘇軾詩集》（北京：中華書局，2018），頁1083。

46　古生是古耕道，王文誥：「古耕道家南坡多竹，公有記」。〔宋〕蘇軾
　　撰；〔清〕王文誥輯注；孔凡禮點校：《蘇軾詩集》（北京：中華書
　　局，2018），頁1084。

47　〔唐〕王度等撰：《唐人傳奇小說》（臺北：世界書局，1993），頁
　　169-173。

48　蘇軾〈書贈古氏〉：「古氏南坡脩竹數千竿，大者皆七寸圍，盛夏不見
　　日，蟬鳴鳥呼，有山谷氣象」，可滌淨俗慮。〔宋〕蘇軾撰；孔凡禮點
　　校：《蘇軾文集》，頁2279。

49　〔唐〕杜甫撰；謝思煒校注：《杜甫詩集校注》（上海：上海古籍出版
　　社，2015），頁2103。

今反累君，借耕輟茲田。刮毛龜背上，何時得成氈。可憐馬生癡，至今誇我賢。眾笑終不悔，施一當獲千[50]。

本詩首句「馬生本窮士，從我二十年」，馬正卿原為太學生因蘇軾於其牆書杜子美一詩而辭歸，跟隨蘇軾已二十年，兩人亦師亦友。有關馬生，馮應榴《蘇軾詩集合注》〈東坡八首・并敘〉按語：

先生《儋耳手澤》云：杞人馬正卿作太學生，清苦有氣節。學者既不喜，博士亦忌之。余少時偶至其齋中，書杜子美秋雨嘆壁上，初無意也。而正卿即日辭歸，不復出。至今白首窮餓，守節如故。詩中馬生，即其人也[51]。

蘇軾與馬正卿結交時，其還是太學生，因蘇軾題杜甫〈秋雨嘆〉詩於其牆上，以致其追隨蘇軾，其詩如下：

雨中百草秋爛死，階下決明顏色鮮。著葉滿枝翠羽蓋，開花無數黃金錢。涼風蕭蕭吹汝急，恐汝後時難獨立。堂上書生空白頭，臨風三嗅馨香泣[52]。（〈秋雨嘆三首・其

---

[50]　〔宋〕蘇軾撰；〔清〕王文誥輯注；孔凡禮點校：《蘇軾詩集》（北京：中華書局，2018），頁1084。

[51]　〔宋〕蘇軾撰；〔清〕馮應榴輯注；黃任軻、朱懷春點校：《蘇軾詩集合注》，頁1039-1040。

[52]　〔唐〕杜甫撰；謝思煒校注：《杜甫詩集校注》（上海：上海古籍出版社，2015），頁58。

一〉〉

詩中感嘆秋雨中階下花葉繁茂之決明，然秋季風雨交逼，繼之又是寒冬，其恐決明於未來難存活。堂上書生見決明而憂愁，知其馨香又感其命運多舛，再三嗅其馨香而臨風涕泣。其實秋明亦是白首書生之自我寫照，亦如馬生之處境。馬正卿是清苦卻有氣節之太學生，有氣節操守且不善逢迎，「學者既不喜，博士亦忌之」，其守節亦非一時，「至今白首窮餓，守節如故」，表示在長時間窮厄下其仍然堅守氣節[53]。

首句「馬生本窮士，從我二十年」，表示兩人交情已二十年為紀實[54]，其交情深厚，彼此相知。「日夜望我貴，求分買山錢」，馬生日夜盼蘇軾貴，此貴非地位顯貴，是能實現理想，成己成物，《孟子・盡心章句上》：「窮則獨善其身，達則兼善天下」[55]，其希望蘇軾可以通達，如此蘇軾便能成就理想，而若情勢不可為，則兩人可一起歸隱。而事實上馬生的性格可能更不適應官場，更想與蘇軾一起歸隱。顯與隱相對，從「求分買山錢」知馬生之品質操守，「買山」為嚮往隱逸，其追隨蘇軾非要飛黃

53　《東坡志林》：「馬夢得與僕同歲月生，少僕八日，是歲生者，無富貴人，而僕與夢得為窮之冠，即吾二人而觀之，當推馬夢得為首」。參〔宋〕蘇軾撰；王松齡點校：《東坡志林》（北京：中華書局，1997），頁21。

54　王文誥注：「嘉祐辛丑，公簽判鳳翔，馬夢得已從公遊，故至是為二十年也」。〔宋〕蘇軾撰；〔清〕王文誥輯注；孔凡禮點校：《蘇軾詩集》，頁1084。

55　〔宋〕朱熹：《孟子集注》，卷13，《四書集註》（臺北：藝文印書館，1980），頁4上。

騰達而是求歸隱，跟隨蘇軾非為物質、地位，兩人為志趣相投，非為外在條件而投合，是為友誼而跟隨蘇軾。再者馬生非要求蘇軾順應時勢「追陪新進」，馬生與蘇軾關係類似伯樂與千里馬，與第七首詩所舉三人略不同，蘇軾與馬生為志同道合，因馬生在年輕時即追隨蘇軾。「我今反累君，借耕輟茲田」，蘇軾自言今反連累馬生，不僅無買山錢分，尚且勞累他幫忙借地。「累」是指借田之事仍須馬生出面借，是他連累馬生為其借地，為其效犬馬之勞。其實是蘇軾經濟遇到絕境，而卻是馬生出面，馬生並非善於與人交往之人，其亦放下其矜持，為蘇軾去與太守協調請求。「刮毛龜背上，何時得成氈」，兩句指想在龜背刮毛，何時候能成為氈，表示不可得，不可能，非時間問題，因為龜背無毛，此行為如緣木求魚。「可憐馬生癡，至今誇我賢」，因馬生願望不可能實現，故說馬生癡。癡形容認真執著，更重要是「不悔」。不怕被連累，不怕為蘇軾奔波，不以為苦，因其懷抱希望。

「眾笑終不悔，施一當獲千」兩句指眾人嘲笑馬生，為何眾笑？因現在之蘇軾在政治、經濟皆處劣勢，而馬生仍然跟隨他，並稱讚他賢能，此不符合世俗價值觀，故眾人嘲笑馬生。然而馬生對蘇軾非常了解，其為長久之朋友，他們有獨立思考與判斷，不理會世俗價值觀。馬生願意追隨蘇軾，義利、得失在其胸中。「一」與「千」非指錢，涓滴之恩泉湧以報，蘇軾只給馬生涓滴之恩，他卻回饋蘇軾湧泉之報。馬生與蘇軾之施受關係是變動的，最早是蘇軾幫助馬生，馬生是受者。黃州時馬生協助蘇軾使其能有耕地以自給，故蘇軾自認對馬生付出微薄，而馬生給予很大回饋，故馬生被眾笑癡。眾人笑他癡，而他至今仍誇蘇軾賢，

馬正卿「終不悔」表現在此。「施一當獲千」，言老天會給其回報。「千」是表示貴重，是價值而非數量。別人可能看他們同是天涯淪落人，但是其實他們兩人是超然的想法。馬生在太學清苦有氣節，學者不喜博士忌之，馬生追隨蘇軾，窮節至老。蘇軾被貶謫黃州，然不幸其實亦隱含大幸，此時蘇軾經歷最大之挫折，然卻也淘洗出真正的朋友。

　　第七首與第八首皆表現朋友之情，第八首詩可看出蘇軾之人格、性情，在其最苦時仍將其收穫與馬生共享，蘇軾與馬生兩人非相濡以沫，是惺惺相惜。詩中有「馬生癡」之字眼，非真笑其癡，蘇軾乃憐惜他，其他人皆遠離，蘇軾憐惜其不懂見風轉舵。但有言外之意，憐惜者惺惺相惜之意，「可憐馬生癡」，「癡」中有真，「憐」中有愛。

第五節　結　論

　　論文將八首分三組討論：〈東坡八首〉第一組詩（第一、二首）為早期天窮之境；第二組（第三首）為晚期天不窮之境；第三組（第四、五、六、七、八首）為晚期天養之境。這三組是從生存面與超越面兩層，去考察蘇軾在東坡八首中表現出之自然與人文的互動性。先就生存面層面言，是田園生活在自然環境先天上的挑戰，已表現出他精神樣貌所對應的不同樣態。每一時期皆從主、客觀上探究蘇軾面對之環境與其心境之變化。

　　第一組（第一、二首）為早期天窮之境。主要從天窮寫至有一線生機，表現其初期墾荒之艱困。第一首蘇軾自述「天窮無所逃」，此時其客觀環境艱困，（「廢壘」、「頹垣」、「蓬

蒿」），又遇旱災（「歲旱土不膏」）。而主觀心境上，他自認為是「天窮」、「孤旅人」，雖振作卻對未來感到沉重。第二首則有墾闢荒田之規劃，也逐步透出一線生機。然此時客觀環境仍艱難（「荒田」、「旱災」）。主觀心境上他雖對土地作規劃（「下隰種粳稌，東原蒔棗栗」」），但是此時仍然居未得安（「仍須卜佳處」）。他從墾荒、規畫等，至詩之後半得一線生機（「走報暗井出」）。詩末蘇軾言「一飽未敢期」，但「瓢飲已可必」。

　　第二組（第三首）為晚期天不窮之境。第三首論微泉，泉從遠嶺穿城過村至東坡，前半之客觀環境仍然困苦（「歲旱泉亦竭」、「枯萍黏破塊」）。昨夜突降一雨（「昨夜南山雲」、「雨到一犁外」、「泫然尋故瀆」）。主觀心境亦隨外在環境改變，由最初耕種時的絕望，而轉變為希望（「知我理荒薈」、「一寸嗟獨在」）。正因之前久食「官倉」，視米糧等泥土，才有如今之知味，知田園苦樂之真味。

　　第三組（第四、五、六、七、八首）為晚期天養之境。第四首為種稻，依時序細數樂事：春耕（「針水聞好語」）、夏耘（「漸喜風葉舉」）、秋收（「秋來霜穗重」）、冬藏「玉粒照筐莒」），正是有前面之苦，才有後面的樂事。第五首說明能夠惜地力者方是良農，即是了解先捨才能有得之問題。捨是「需此十年荒」，得是「覆塊已蒼蒼」；捨是「須先縱牛羊」，得是「富餅餌」。因良農之「苦言」使其「得飽」故「不敢忘」，此處「不敢忘」，除有人助亦有天助在其中。第六首他已然對農事得心應手，甚至擘劃十年外之事。好友贈其「三寸甘」，而欲廣植，「想見竹籬間，青黃垂屋角」，松、柑橘亦是其人品高潔之

象徵。第七首由潘生、郭生、古生三位於黃州所得之友人，這些朋友如親人（「弟昆」），能與蘇軾於東坡「勞饗同一餐」，是患難之交。第八首言其友中最可貴者是馬生，追隨蘇軾二十年。跟隨他在東坡，從「崎嶇棘草中，欲刮一寸毛」到「覆塊已蒼蒼」，皆是馬生陪他經歷。馬生至今仍誇其賢，因其了解蘇軾為不怨天尤人之君子。很多人嘲笑馬生，但他「眾笑終不悔」，仍然對蘇軾無怨付出。雖蘇軾因罪遭貶黃州，但於此地他收獲良農、良友之助，使他在黃州能夠超越外在限制，心靈境界也獲得擴大提升，由〈東坡八首〉可證。

而就超越面而言，亦可以依此三組分論之，第一組（第一、二首）內涵為天窮，蘇軾自稱孤旅人（「獨有孤旅人，天窮無所逃」）；第二組（第三首）內涵為天不窮（「昨夜南山雲，雨到一犁外」）；第三組（第四、五、六、七、八首）內涵為天養（「幸此十年荒」），以下分論之。

第一組詩（第一、二首）為早期天窮之境，天窮指各種客觀環境受到限制，蘇軾從烏臺詩案九死一生，又貶至黃州，繼之乏食，故借得故營地於東坡耕種，詩末有「我廩何時高」此為對天之探問。然而即便天窮仍要堅守其志，故仍盡力耕作於東坡，因天窮人而人不窮，盡心以俟命。第二首詩末透出希望：「家僮燒枯草，走報暗井出」，「暗」有暗中之意此，由暗井而來之飲水非費力獲得，而是在無意間附加。蘇軾稱「一飽未敢期，瓢飲已可必」，「必」有堅信之意，此堅信是對於上天所贈與感到信心堅定。第二組（第三首）為晚期天不窮之境。從天窮到天不窮轉折在第三首之「昨夜南山雲，雨到一犁外」，雲之操控者為天，故此是天「知我理荒穢」。第三組（第四、五、六、七、八首）

為晚期天養之境。第四首銜接雨，春雨綿綿皆是天綿綿之恩澤，故所有種稻樂事皆含藏著天之愛顧，所有樂事實串連著「玉粒照筐莒」之收成，故於詩末稱「行當知此味，口腹吾已許」。由《東坡八首・其五》「良農惜地力，幸此十年荒」之「幸」字可知，因先有十年荒，才有今之茂盛麥苗。蘇軾於此地收獲老農之教誨，珍貴之新好友與共患難之老友（第六、七、八首潘、郭、古、馬生）於蘇軾患難中與之勞饗與共之情誼，此皆天之厚意。蘇軾與客觀自然環境與主體心境，獲得多次轉變與提升東坡八首亦是其盡心知性知天之證。

第三章
蘇軾謫黃時期之精神境界
──以竹之意象爲論

第一節　前　言

　　竹作為中國文人所欣賞與喜愛的對象，歷來受到很多關注，相關研究亦很多，前人已有很多討論[1]。宋蘇軾亦雅愛竹，其作品中有很多詠竹創作。黃州時期為蘇軾仕宦與人生挫折期，期間他有大量詠竹之作，據羅鳳珠〈從蘇軾詩之興觀群怨探討其動植物詞彙語義〉，統計蘇軾詠植物詩，詞彙出現頻率，以詠竹詩最高，共計 82 次[2]。又筆者統計黃州時期蘇軾松、竹、梅、蘭、菊

---

[1]　關於竹的文學表現，相關研究很多，代表性專書，如：何明、廖國強等撰《中國竹文化研究》，對歷代竹文學有詳細討論。何明、廖國強指出唐宋為詠竹鼎盛期，以《古今圖書集成》統計唐代以竹為母題與中心意象之詩文有 175 篇，宋人詠竹數量也不亞於唐。詳參何明、廖國強等撰：《中國竹文化研究》（昆明：雲南教育出版社，1994），頁 272-275。

[2]　參羅鳳珠：〈從蘇軾詩之興觀群怨探討其動植物詞彙語義〉，「第八屆漢語詞彙語義學研討會」論文（香港：香港理工大學，2007 年 5 月 21 日－23 日），頁 153-158。出處：http://yzuir.yzu.edu.tw/handle/3109010

等植物出現頻率，其中詠竹詩共計 33 次，是數量最高者。故其謫黃自然書寫優先選擇詠竹詩。至於質的部分，蘇軾〈於潛僧綠筠軒〉說：「無竹令人俗」，鍾愛竹之清雅。又何明與廖國強《中國竹文化研究》認為唐宋是詠竹鼎盛期，質量皆高，唐人優點在意境與情感的深刻，宋人則更突出其形象特徵與意蘊，更有理趣。

　　本文以蘇軾黃州時期的詠竹詩為主要討論對象，謫黃發生的前沿是烏臺詩案。黃州時期之經歷是蘇軾文學創作的重大轉折點，他面對來自外部（官場與田園生活）與內部自我省思的雙重挑戰。蘇軾外部問題有二：首先是如何與新黨對抗的問題。為何蘇軾被貶黃州，此涉及烏台詩案。烏台詩案本質是熙寧變法引發的新舊黨對立，但最後他們之論爭，由原本議論新政，轉變成新舊黨爭。新政真正的問題，有很多是在執行方式與配套措施上。蘇軾對新政之討論，多數是客觀討論新法執行上之缺失[3]，但是新黨將之上升到黨爭。從蘇軾因烏台詩案入御史台獄到貶黃初期，此時蘇軾所關注者，偏向於思考如何因應與對抗新黨新進的力量。由於蘇軾在黃州時雖有官銜，實則無任何政治權力，故他開始思考自己的真實力量，繼而反思其自身真正的力量所在，以求對抗新黨之壓迫。外部挑戰二，蘇軾面對俸祿銳減、須躬耕田

00/67779。筆者統計黃州時期蘇軾松、竹、梅、蘭、菊等植物出現頻率，其中詠竹詩共計 33 次，是數量最高者。

[3]　如蘇軾於熙寧年間作〈吳中田婦嘆〉與〈山村五絕〉，都有論及施行上之配套方法闕如與官吏無狀等問題，並說明其親眼所見。參〔宋〕蘇軾撰；〔清〕王文誥輯注；孔凡禮點校：《蘇軾詩集》（北京：中華書局，2018），頁 40-4054、437-439。

園而來的自然環境之挑戰問題。蘇軾到黃州首當其衝的問題是能否在黃州自立（此問題根源上屬於政治問題，只要他願與新黨和解，此外部挑戰便不存在）。蘇軾面對這兩層外部挑戰，其心境相應地有兩層之轉化，而投射至竹之書寫上表現有其不同之層次，一是謫黃早期畏天盡性之竹，一是謫黃晚期成己成物之竹；前者相應於〈東坡八首〉之「天窮」心境，後者則相應於〈東坡八首〉之「大養」心境。蘇詩謫黃時期是其很重要的精神面向，不論從其思想或其行為所展現的生命韌性與表現的獨特性看，都具體表現他為何能作為一千古風流人物而存在。我們以竹作為基礎點，逐步掘發蘇軾心靈境界的提升，此兩層發展可用以探索並展現其真實生命的進展，此為本論文之研究動機與目的[4]。

---

[4]　前人研究，如《中國竹文化研究》中有，其中部分章節論及蘇軾，如第十章論竹文學符號、第十一章論竹繪畫符號、第十二章論竹人格符號等。詳參何明、廖國強：《中國竹文化研究》（昆明：雲南教育出版社，1994），頁274-275、294、317-318、338-340等。相關期刊如：何明：〈中國詠竹文化的形成演進與即其文化內涵〉，《思想戰線》1994年第5期，頁25-29+34；王勝男：〈中國古代文學中的竹意象〉，《洛陽工學院學報》（社會科學版）20卷第3期2002年9月。王立：〈竹意象的產生及文化內蘊〉，《中國典籍與文化》第1期，1997年。何明：〈中國詠竹文化的形成演進與即其文化內涵〉，《思想戰線》，1994年第5期。金業焱：〈論中國文學中竹意象的演變〉，《廣西師範學院學報》（哲學社會科學版），2014年9月第35卷第5期。周克勤：〈自信‧自由‧自尊‧自若——蘇軾《御史臺榆、槐、竹、柏四首》中的士人心態〉，《金陵科技學院學報》（社會科學版），2009年9月第23卷第3期。孫迎光：〈竹與修身德育的「另類」言說〉，《江蘇大學學報》（高教研究版），2005年7月第27卷第3期。胡戎：〈蘇軾詩詞中的竹文化淺析〉，《竹子文化》，2018年1月第37卷（1）。陳守常：〈蘇軾竹詩考析〉，《文史博覽》（理論），2009

第二節　早期：畏天盡性之竹

　　關於蘇軾謫黃早期竹書寫，以〈御史臺榆、槐、竹、柏四首・竹〉[5]、〈定惠院寓居月夜偶出〉[6]、〈寓居定惠院之東，雜花滿山，有海棠一株，土人不知貴也〉三首為代表[7]，它們相應於〈東坡八首・其一〉之「獨有孤旅人，天窮無所逃」、〈東坡八首・其二〉之「好竹不難栽，但恐鞭橫逸」，屬於「天窮」之心境。蘇軾此時期，對自身命運仍多出苦語，然也著重在積極地堅定自我志向上，他對天命雖亦時有體悟但尚未能有真正超脫之識見，具體分析如下。

　　第一首以作於元豐二年秋冬之際的〈御史臺榆、槐、竹、柏四首・竹〉[8]，作討論材料，其詩如下。

　　年 1 月。李天讚：《蘇軾詩詞中竹書寫研究》，嘉義：國立中正大學中國文學所碩士論文，2008。

[5] 　參〔宋〕蘇軾撰；〔清〕王文誥輯注；孔凡禮校點：《蘇軾詩集》，頁1004。

[6] 　參〔宋〕蘇軾撰；〔清〕王文誥輯注；孔凡禮校點：《蘇軾詩集》，頁1032。

[7] 　參〔宋〕蘇軾撰；〔清〕王文誥輯注；孔凡禮校點：《蘇軾詩集》，頁1036-1037。

[8] 　此詩王文誥《蘇文忠公詩編注集成》跟孔凡禮所訂的時間接近但有差異，王文誥訂的時間較晚為十一月，明確註明「十一月」作此組詩。孔凡禮《蘇軾年譜》，記此詩寫作時間為元豐二年八月十八之後到十月十八之前，因其列在「十月十五日，聞太后曹氏不豫，有赦，作詩」之前。王、孔皆未詳說定此時間之理由。〔清〕王文誥撰：《蘇文忠公詩編注集成》（臺北：學海出版社，1991），卷 19，頁 7 上。孔凡禮：《蘇軾年譜》（北京：中華書局，1998 年），頁 454-456。

今日南風來，吹亂庭前竹。低昂中音會，甲刃紛相觸。
蕭然風雪意，可折不可辱[9]。風霽竹已回，猗猗散青玉[10]。
故山今何有，秋雨荒籬菊。此君知健否，歸掃南軒綠[11]。

本首詩之逐句解析分別如下。「今日南風來，吹亂庭前竹」，今日夏風到來，強陣之風力使庭院前的竹子紛亂錯落。「低昂中音會，甲刃紛相觸」，風與竹交觸之高低聲響，有合於中節之音，如兵器相觸之情狀。「蕭然風雪意，可折不可辱」，原該是溫暖

---

[9] 王文誥註：「蕭然風雪意，可折不可辱：誥案：紀昀曰：『查初白謂骨節清剛，琅然可誦』」。從查初白之評可知此詩是藉竹以表白自己之「清剛」之節操，以竹自寓。而再結合後句之「猗猗散青玉」，玉亦含有剛烈之意，即寧碎不苟之意。參〔宋〕蘇軾撰；〔清〕王文誥輯注；孔凡禮校點：《蘇軾詩集》，頁 1004。

[10] 《說文解字》解釋玉：「玉，石之美有五德。潤澤以溫，仁之方也；鰓理自外，可以知中，義之方也；其聲舒揚，專以遠聞，智之方也；不撓而折，勇之方也；銳廉而不忮，潔之方也」。儒家以玉作君子人格之喻，其需具有仁、義、智、勇、潔等五德。蘇軾用「青玉」喻竹，彰顯竹可折不可辱，剛直、溫和、寧碎不瓦全、清白等。下面風霽竹「回」，能「回」彰顯其堅毅不屈特質，寧折不屈，百折不撓之志。參〔漢〕許慎撰；〔清〕段玉裁注：《說文解字注》（臺北：黎明出版社，1993 年），頁 10。

[11] 南軒為蘇軾故鄉一屋，《東坡志林・夢南軒》：「元佑八年八月十一日將朝，尚早，假寐，夢歸紗縠行宅，（遍歷蔬圃中）。（已而）坐於南軒，見莊客數人方運土塞小池，土中得兩蘆菔根，客喜食之。予取筆作一篇文，有數句云：『坐於南軒，對修竹數百，野鳥數千。』既覺，惘然思久之。南軒，先君名之曰『來風』者也。」參〔宋〕蘇軾撰：《東坡志林》（北京：中華書局，2000 年）。頁 19；參〔宋〕蘇軾撰；〔清〕王文誥輯注；孔凡禮校點：《蘇軾詩集》，頁 1004。

的南風，卻充滿秋冬之日的肅殺之氣；竹子迎風而行，寧可折斷也不願受任何屈辱。「風霽竹已回，猗猗散青玉」，待強風停息，竹子已回到自身挺直之樣貌，竹葉之姿也茂盛地散發玉質般的氣節。「故山今何有，秋雨荒籬菊」，我看眼前之竹，懷想故鄉四川舊居南軒所種植之竹，不知其今夏是何等樣貌；去年秋雨稀少，已使竹籬間的菊荒廢。「此君知健否，歸掃南軒綠」，故園竹君是否抵擋住了這陣風還健在呢；願能回去清理南軒，那些折而不受辱的綠竹。

　　在〈御史臺榆、槐、竹、柏四首〉其三〈竹〉一詩中，蘇軾前三聯，以「今日南風」比喻黨爭之勢力，而以其所在之御史臺之「庭前竹」比喻對抗新黨、超越黨爭之力量。隱含他身處在與黨爭對抗中，即便知道可能會竹折身死，也絕不受屈辱。進一步說「風霽竹已回」，指在風停止後可以見到竹子挺直之本來面貌，「已」字表達其雖受挫，仍不願改其一貫節操。其表達雖蘇軾雖現在被汙衊，但其堅貞不改。表面上詩案可以侵害蘇軾之身、之名、之親友，但其心之志不會改變。「猗猗散青玉」則代表竹葉茂盛有如青玉之德盛一般。此句也呼應「可折不可辱」一句，彰顯竹與玉二者有「寧為玉碎，不為瓦全」面相。而蘇軾看御史台之竹的存亡，更懷想自己故鄉所種南軒之竹的存亡。去年秋雨稀少但竹子仍得倖存，但見到今日南風他不免掛念南軒之竹是否有受到摧殘？如是，他想要歸掃南軒綠竹。為什麼有「掃」之動作？這一方面表示他要去維持南軒竹之翠綠生意。另一方面因為那是蘇軾的根、也是成就與培養其人格志向之地。換言之，御史台之竹，蘇軾雖引以之自喻，但更有引申的客觀上的見賢思齊的典範意義；看御史台之竹，欣賞其「風霽竹回」，竹在風後

維持著立即回復的姿態、散青玉的姿態，不因打擊而改變其原有
之姿態，來堅定自我。而南軒竹是自己家鄉所種的竹、是其德行
之根源，他要回去志向培育之地，使其心志有若御史台之竹。

　　而第二首以元豐三年二月之〈定惠院寓居月夜偶出〉詩作討
論材料[12]，其詩如下。

　　　　幽人無事不出門，偶逐東風轉良夜。
　　　　參差玉宇飛木末，繚繞香煙來月下。
　　　　江雲有態清自媚，竹露無聲浩如瀉。
　　　　已驚弱柳萬絲垂，尚有殘梅一枝亞。
　　　　清詩獨吟還自和，白酒已盡誰能借。
　　　　不辭青春忽忽過，但恐歡意年年謝。
　　　　自知醉耳愛松風[13]，會揀霜林結茅舍。
　　　　浮浮大瓢長炊玉，溜溜小槽如壓蔗。
　　　　飲中真味老更濃，醉裏狂言醒可怕。
　　　　但當謝客對妻子[14]，倒冠落佩從嘲罵[15]。

12　王文誥註：〔查註〕《名勝志》：定惠院，在黃岡縣東南。參〔宋〕蘇
　　軾撰；〔清〕王文誥輯注；孔凡禮校點：《蘇軾詩集》，頁1032。

13　王文誥註：〔施註〕《南史・陶弘景傳》：「特愛松風庭院，皆植松，
　　每聞其響，欣然為樂。」參〔宋〕蘇軾撰；〔清〕王文誥輯注；孔凡禮
　　校點：《蘇軾詩集》，頁1004。

14　王文誥註：〔施註〕《史記・申公傳》：「公歸魯，終身不出門。復謝
　　絕賓客。」〔誥案〕時家累未至，詩乃自誠其將來耳。參〔宋〕蘇軾
　　撰；〔清〕王文誥輯注；孔凡禮校點：《蘇軾詩集》，頁1033。

15　參〔宋〕蘇軾撰；〔清〕王文誥輯注；孔凡禮校點：《蘇軾詩集》，頁
　　1033。

此詩作於元豐三年，本首詩之逐句解析分別如下。「幽人無事不出門，偶逐東風轉良夜」，幽居之人深居簡出，非有公事足不出戶；今夜則因心事，偶然地逐充滿生氣的春風，吹去內心中的煩悶。「參差玉宇飛木末，繚繞香煙來月下」，從寺外觀察定惠院，殿宇屋簷有如飛鳥的翅膀接近樹梢；佛殿中燃香所生的清煙繚繞於月光之下。「江雲有態清自媚，竹露無聲浩如瀉」，夜晚的霧氣與香煙交織，如江水上之雲，自有清雅之態；霧氣覆蓋於竹葉上，悄然無聲息地蓄勢而發凝結為露珠，最後如江河之水浩瀚般傾瀉而下。「已驚弱柳萬絲垂，尚有殘梅一枝亞」，竹露之力量已然驚動了弱柳，他也把自己的內在力量外發，垂萬絲而出；並且還尚有冬梅，春天時雖花葉落盡也仍殘存枝椏健在。「清詩獨吟還自和，白酒已盡誰能借」，我見清雅之景，不禁獨吟清雅之詩、且還自和；白酒已飲盡，沒有誰能借我酒。「不辭青春忽忽過，但恐歡意年年謝」，我不擔憂青春年華似水匆匆流過不為我停駐（因我有志同道合的竹、梅、柳之友而歡快）；但我也憂恐他們受摧折，讓這樣的歡快經年而凋謝。「自知醉耳愛松風，會揀霜林結茅舍」，我自知醉後耳朵喜愛松風常青的雅正之音，所以我會揀擇松木所好生長的結霜之地，來作為茅舍居所。「浮浮大甑長炊玉，溜溜小槽如壓蔗」，在這座落於松林的茅舍裡，總是不間斷地有大甑蒸米的氣息；而在酒槽中總是源源不絕地滴著甘甜的如蔗的瓊漿玉液。「飲中真味老更濃，醉裏狂言醒可怕」，享用飲酒的愉悅越老越濃厚。然而酒醉後口中卻易出狂言，醒來方感到後怕。「但當謝客對妻子，倒冠落佩從嘲罵」，只好喝酒時關門謝絕外客，面對妻子；拋掉任官時配戴的冠珮，或者是不在意他們的批評，任由他人謾罵，我這樣不合時

宜的行為。

在〈定惠院寓居月夜偶出〉一詩中，蘇軾自稱幽居之人，即深居簡出之人，他之所以幽居是擔憂親友故舊受自己牽連。惟其志氣未曾改，所以在〈御史臺榆、槐、竹、柏四首〉其三〈竹〉，論竹稱「可折不可辱」大有積極捨身取義之勢，而此句「幽人無事不出門」一語則是略帶消極充滿感慨。蘇軾原為朝官，公務繁重，今之「無事」是被動無事。「無事」加「不出門」，表示無特別之事，他不出門，換言之有公事才出門。平日無事不出門，然此處是有事需出門。此處之「有事」、「無事」需再轉一層，「出門」非僅只言公事，而是心事。蘇軾因有心事，才偶然追逐春風「轉良夜」。因春風使人舒適，故想外出透氣。即便是在晚上，他也想去追逐春風，以求吹散心事，此是蘇軾在夜晚出門過程。他原身在寺廟內，既在寺廟中，應該心情平靜，但他卻煩悶，反而出門散心方得平靜。其首先所見之景象為「參差玉宇飛木末，繚繞香煙來月下」。寺廟飛簷接近最高的樹梢，而佛殿香煙繚繞飄盪在飛簷樹梢，繚繞在月光之下，產生輕煙裊裊之感。又見「江雲有態清自媚」與「竹露無聲浩如瀉」之景象。月下煙霧繚繞之景色，就像江邊雲氣繚繞之景。江雲為何有態，江雲之美是「清自媚」，為清雅之美。在煙霧籠罩下，它之媚是自媚，是己身產生的清新之美。而竹是寺外第一個出現的植物，此時已有夜晚產生之霧氣，霧是非常細小，佈滿於空氣中之水氣。霧氣於竹葉上凝成露，由於並非下雨，故言「竹露無聲」。小露水會互相凝結，一段時間後最後像江河一樣的傾洩而下。

蘇軾話語一轉「竹露無聲浩如瀉」，乃有言外之意，喻示蘇

軾他雖仕途受挫、也仍默默蓄積力量。「無聲」，意指他的力量、地位被架空，由有聲變為無聲，旁人視其已無力量。但蘇軾他自知其正在沉潛以蓄積力量待後而發。其所再見之景象為，「已驚弱柳萬絲垂，尚有殘梅一枝椏」。柳原是隱士象徵，作為隱逸者之柳，受竹之與不德之人對抗的操守感召，固然無法如竹般剛毅，但也能表現出其自身茂盛之節操。這比喻對抗新黨的有志之士，除了有較強硬的是竹、梅，還有較軟性的柳。「尚有殘梅一枝椏」，即說明梅樹之堅毅姿態，已到春天仍存有殘梅。為何言「殘梅」？因花已落，但仍有梅的枝幹、根葉。梅自冬季到初春開花，春季已非梅之季節，故僅有「一枝椏」。但梅花未因花落就枯乾，萬物雖無花、葉、果，或以為其生命已亡失，其實它還有生命。蘇軾善於從無中觀有，從死觀生。蘇軾此時之心境如在灰燼中，慢慢產生一點希望。以此慢慢展開，他看到殘梅即是他的心境之比喻。此外梅在冬季開花，經歷風雪考驗。越冷冽越開花，越黑暗越表現其意志，而到春天枝椏仍在。殘梅是冬天的植物不是此時節該有的，世人認為應配合時節，不合時宜會被當令新進迫害。「殘梅」，苦守節操。而其他潛在的，不願與陰暗勢力同流合汙之士人，也因竹與梅而有感，而表現其態度。此外「尚有」二字，隱喻朝廷還有不被東風打敗之梅樹，還尚存著枝椏，還能再開花，梅也如竹表現其志向。

　　蘇軾原本心情鬱悶，隨著春風走出寺外欣賞寺外之景，在看到寺簷木末、月煙、竹梅等景色後，由此體會到其自身本有之力量，現在之狀態雖並無外援，但有同道，仍可蓄積力量，並可由此體味並構築自適之理想生活。故他說道，「清詩獨吟還自和，白酒已盡誰能借」，清雅之詩本就非媚俗，所以獨吟、獨和。因

為清原就不能迎合眾人之口，鄉愿才能迎合眾口。白酒相對於濁酒，也是清雅之表徵。蘇軾非在寺院內喝，是帶著白酒在外面喝酒。「白酒已盡誰能借」，此蘊含兩層意思，第一，表面上白酒已盡，沒有誰能借酒給蘇軾喝。第二，此時蘇軾已醉，但還喝不夠，還要更醉。「不辭青春忽忽過，但恐歡意年年謝」，蘇軾開始回首自己生命，他不介意光陰似水，匆匆流逝。但怕赤子之心消失，有赤子之心能快樂，有無畏、無懼之心。孔子言少戒色、壯戒鬥。赤子之心是早於少壯，無畏懼，闖蕩世界，從中感到快樂。但如今顧慮變多、忌憚變多，感覺歡意一年比一年少，另方面也會為自己的同道中人擔憂。「但恐」，恐怕。我雖不為青春變老感嘆，但恐怕「歡意」年年變少，以前看到之歡樂，是盲昧的歡樂，漸漸看清楚也就不那麼快樂。能與我唱和，飲酒作詩同樂者，也越來越少。蘇軾非為名利，此是他對世俗勢利之感嘆。蘇軾詩意象很一致，此詩寫春，「但恐歡意年年謝」句，表示年華匆匆漸過，時間變化，青春衰老，體會與時共進。此處是轉折，出路為飲酒。另外歡意越少，也是自身處境與大環境現況，竹被折，梅變殘，總是無法歡欣。即便竹寧折不屈，他仍對之有憐惜之心。所以他話鋒一轉，自尋歡意不亡失之可能。

　　他說：「自知醉耳愛松風，會揀霜林結茅舍」，平常耳朵太清醒，聽到批評感到憤怒，而讚美之言又可能是謊言。「醉耳」是酒醉中聽到的話，「自知醉耳愛松風」，指蘇軾酒醉喜歡松風的聲音。耳朵用來欣賞松風，此自然天籟，是春天吹過松樹之風。松的形象與松風相近又不同，松與梅皆耐寒植物，松可當棟樑之材。而松風是吹過松林的清雅之風，「如沐春風」是如沐浴於春風中之愉悅。「如沐松風」，是如受到松風之沐浴、洗滌、

感化之愉悅。松風之清澈，使耳、心、身一切皆安。由於醉後喜聽松風，故「會揀霜林結茅舍」，蘇軾自稱會揀擇寒冷之地作其居住之所。霜林亦是清雅之意，非求車馬喧之地。選霜林之原因是「醉耳愛松風」，而松風愛霜林，故而他在霜林結茅舍。「浮浮大甑長炊玉，溜溜小槽如壓蔗」，對比呼應前句「白酒已盡誰能借」，之前酒盡而無人可借，求人不如求己，便自己釀酒。此言其自釀、自飲、自樂，在諸多釀酒設備與活動中，釀出甜如蔗漿之酒。但蘇軾馬上思及，飲酒之愉悅與可怖也是相伴的問題，他說：「飲中真味老更濃，醉裏狂言醒可怕」。享用飲酒的愉悅，越老越感濃厚，年紀老大更能體會人生真味，而飲酒體會到的真味是很好的感受。但是以前飲酒只能體會眾樂，現在年老能體會到獨飲之樂。獨飲有何樂？因可以避免醉裡狂言。人生無法事事如意，「醒著」但不快樂，則是否要覺醒？醒來與醉裡只能擇一，只能在醉中說真話，醒來必須面對所有人，不能講真話。言、行都受到箝制，很不自由，可憐亦可怕，但是不能一直醉。所謂「醉裡狂言」，指非自言自語可怕，而是怕別人窺探，很多人抱著刺探心來探望他，令蘇軾感到畏懼。「閉門謝客對妻子，倒冠落佩從嘲罵」，呼應上句「醉裏狂言醒可怕」，有些訪客來見他，持有窺視其生活之意圖。蘇軾所避是「客」而非「友」。因其直言不諱之性格，既無法克制，就謝客、避客，或者任人嘲諷謾罵而不去在意，此為蘇軾自我開解之處事之道。須注意的是，他之所以如此消極應對「會揀霜林結茅舍」、「閉門謝客對妻子，倒冠落佩從嘲罵」，乃是因為當前正處於蓄積之境以待「竹露無聲浩如瀉」之時。

　　第三首以元豐三年二月之〈寓居定惠院之東，雜花滿山，有

海棠一株，土人不知貴也〉作討論材料，其詩如下。

> 江城地瘴蕃草木，只有名花苦幽獨。
> 嫣然一笑竹籬間，桃李漫山總麤俗。
> 也知造物有深意，故遣佳人在空谷[16]。
> 自然富貴出天姿，不待金盤薦華屋。
> 朱唇得酒暈生臉，翠袖卷紗紅映肉。
> 林深霧暗曉光遲，日暖風輕春睡足[17]。
> 雨中有淚亦悽愴，月下無人更清淑。
> 先生食飽無一事[18]，散步逍遙自捫腹。
> 不問人家與僧舍，拄杖敲門看修竹[19]。

---

[16] 王文誥註：〔王註〕杜子美〈佳人〉詩：「絕代有佳人，幽居在空谷」。參〔宋〕蘇軾撰；〔清〕王文誥輯注；孔凡禮校點：《蘇軾詩集》，頁1036。

[17] 王文誥註：〔施註〕《明皇雜錄》：「上皇嘗登沉香亭，召妃子，妃子時卯酒未醒。高力士從侍兒扶掖而至。上皇笑曰：『豈是妃子醉耶？海棠睡未足耳』」。參〔宋〕蘇軾撰；〔清〕王文誥輯注；孔凡禮校點：《蘇軾詩集》，頁1037。

[18] 王文誥註：〔王註〕【誥案】紀昀曰：「初白謂讀前半，覺似〈海棠曲〉矣，妙在先生「食飽」一轉。此種詩境，從少陵〈樂遊園〉得來，同其神理，而化其畛畦，故為絕作。」參〔宋〕蘇軾撰；〔清〕王文誥輯注；孔凡禮校點：《蘇軾詩集》，頁1037。

[19] 王文誥註：〔王註〕《南史·袁粲傳》：「家居負郭，每杖策逍遙，當其意得，悠然忘返。郡南一家，頗有竹石，粲率爾步往，亦不通主人，直造竹所，嘯咏自得。」〔施註〕《晉·王微之傳》：「吳中一士大夫家，有好竹，欲觀之，便出，坐輿造竹下，諷嘯良久。」參〔宋〕蘇軾撰；〔清〕王文誥輯注；孔凡禮校點：《蘇軾詩集》，頁1037。

忽逢絕艷照衰朽，歎息無言揩病目。

陋邦何處得此花？無乃好事移西蜀？

寸根千里不易致，銜子飛來定鴻鵠。

天涯流落俱可念，為飲一樽歌此曲。

明朝酒醒還獨來，雪落紛紛哪忍觸[20]！

此詩作於元豐三年，本首詩之逐句解析分別如下。「江城地瘴蕃
草木，只有名花苦幽獨」，蘇軾首聯論黃州地理與氣候，黃州城
受長江圍繞，氣候濕熱有瘴氣，使雜草樹木生長繁茂；有原本生
長在西蜀的名貴海棠，獨自生長在深幽空谷，而孤獨憂苦。「嫣
然一笑竹籬間，桃李漫山總麤俗」，海棠與我皆因相同的際遇使
我們同會於此竹籬間的幽谷，因而相知，使她對我嫣然一笑；在
漫山桃李的襯托下，她是那麼清雅脫俗。「也知造物有深意，故
遣佳人在空谷」，它也知道造物者將它放在蕃地而非西蜀生成之
地，是有其他意涵，所以造物者才把它遣送在此空谷之中。「自
然富貴出天姿，不待金盤薦華屋」，因海棠富貴的姿態渾然天
成，自然而然，完全不需要依靠華貴的金盤，將其進獻給華屋中
的貴人。「朱唇得酒暈生臉，翠袖卷紗紅映肉」。海棠如佳人，
醉酒後原本朱唇上的紅暈也漫生到臉龐來；翠色羅紗衣袖蜷捲在

---

20 王文誥註：〔查註〕按魏淳甫《詩人玉屑》云：「東坡〈海棠〉詩，辭
　　格超逸，不復蹈襲前人。平生喜為人寫，蓋人間刊石者，自有五六本
　　云，軾生平得意詩也。」〔王文誥註〕紀昀曰：「純以海棠自寓，風姿
　　高秀，興象微深，後半尤烟波跌宕，此種真非東坡不能，東坡非一時興
　　到亦不能」。參〔宋〕蘇軾撰；〔清〕王文誥輯注；孔凡禮校點：《蘇
　　軾詩集》，頁 1036-1037。

手臂上，映襯出紅潤色澤。「林深霧暗曉光遲，日暖風輕春睡足」，深林因濃霧籠罩而光線幽暗，使得破曉晨光延緩透入；在春日暖和的陽光與清風吹拂下，飽睡滿足。「雨中有淚亦悽愴，月下無人更清淑」，在雨中含淚，更加淒美悲愴；原本清新脫俗之海棠，在月下無人時，更顯脫俗。「先生食飽無一事，散步逍遙自捫腹」，我在這裡飽食，無一事可做，捫著吃飽的肚子，逍遙步行。「不問人家與僧舍，拄杖敲門看修竹」，無論是人家與僧舍，我都拄著拐杖叩門，探看修竹。「忽逢絕艷照衰朽，歎息無言揩病目」，與這絕美的海棠偶然相逢，映照著我的老朽之身軀；我擦去我的病目所流下的眼淚，無言嘆息。「陋邦何處得此花？無乃好事移西蜀」，如此簡陋之地，何以能得到這麼名貴之花，難道是好事者把它移居此地。「寸根千里不易致，銜子飛來定鴻鵠」，考慮到吋根不易從千里之遠致此地，一定是鴻鵠才有能力從千里之外把它移居在此地。「天涯流落俱可念，為飲一樽歌此曲」，我們的天涯流落的共同命運，都是可以彼此互相牽掛的，為此我們來飲一樽酒歌此曲。「明朝酒醒還獨來，雪落紛紛哪忍觸」。明日酒醒我定還獨自前來，但海棠已隨風雪之影響紛紛凋零，我怎麼忍心看它遭受如此之命運。

　　蘇軾〈寓居定惠院之東，雜花滿山，有海棠一株，土人不知貴也〉一詩，旨在以名貴之「海棠花」落生於黃州之命運，以喻自己貶謫於黃州之命運。首先，「江城地瘴蕃草木，只有名花苦幽獨」，點出長江圍繞黃州城，此地氣候溫暖潮濕，是產生瘴氣之地域，各類雜草樹木蓬勃生長，只有海棠花「苦幽獨」。為何它「苦幽獨」？因為它原在西蜀是富貴之名花（「陋邦何處得此花？無乃好事移西蜀」），它到此處，適應得不好。這說明海棠

在黃州是不知名之花，被幽藏，不顯。「幽」是深，「獨」是孤，與幽獨相反是淺陋與熱鬧。海棠花在家鄉西蜀不幽獨，此地非它原生地，非適合它的環境。然而黃州為未充分開發的草木繁盛之地，是瘴氣地，所以「土人不知貴也」。名花到土人之地、蕃草木之地，不聞名，不受重視，所以非常孤獨寂寞，他不要像草木漫山生長。次句，蘇軾更具體指出海棠花生於黃州之何地，他說：「嫣然一笑竹籬間，桃李漫山總麤俗」。名花出現在何處？「竹籬」。草木繁盛滿山遍開，然名花卻「一支獨秀」於竹籬之間無人相惜，落寞蕭條。而海棠它一方「苦幽獨」與一方又「嫣然一笑」是相關的，他對苦幽獨能釋然時就是笑之時，由苦轉笑，是它對遭遇釋然。它之前是名花「自然富貴出天姿」，海棠是「名花」，非虛有其名，是真實有其作為名花之姿質。蘇軾與海棠花二者，無論是氣質與命運都相同。海棠花在月下是清淑，相形之下，桃李漫山開放：雜、多、亂，總顯粗俗。漫山綻放之桃李何以顯得粗俗，因其不知節制，漫山開放。而海棠花是有節制、有操守，而從桃李花的粗俗更襯托海棠花之天姿。然而名花之孤獨生於土人之地，並非突如其然，而是因為其獨特，蘇軾說：「也知造物有深意，故遣佳人在空谷」。海棠花它雖是獨，卻也是獨特的、是被挑中的。換言之，海棠花落腳在黃州，乃因被造物者選中，並被鴻鵠銜至黃州（「銜子飛來定鴻鵠」）。蘇軾隱而未發者在，他認為造物者別有用心安排海棠，同時也是自己，來黃州，自有其使命。所以才將此如佳人之名花，遣送於此空谷之中。而海棠花的獨特性便在於，「自然富貴出天姿，不待金盤薦華屋」。也就是不因在此地瘴之處而不富貴。海棠它雖失去金盤、華屋之襯托仍貴氣，卻因無人欣賞更顯

其清淑。「自然富貴」重點不在富貴，而在自然。自然指內外兼修，自然呈現。金盤後天，但海棠是出天姿，「天姿」映照的「天意」，天意對照深意，「也知造化有深意」。他雖失去金盤華屋之襯托，依然貴氣難掩，更因無人欣賞而更顯其幽靜清淑之氣質。

那麼海棠的「天姿」究竟如何呢？蘇軾形容「朱唇得酒暈生臉，翠袖卷紗紅映肉」。即此花之顏色如同「朱唇得酒」，臉上產生自然之紅暈。此為因酒而得之顏色，非人工胭脂外加之色澤。並且透過翠綠之薄紗反襯出花瓣粉嫩的美，紅綠相映更顯出色。此處描述有鮮明顏色與形象，有衝擊性，活色生香，調動五感，表現被吸引之狀態。此處之美與前面「嫣然一笑」不同，酒是文人重要之物，花之美之顯現還要酒。「翠袖卷紗紅映肉」，有天真也有成熟，都是他的天姿。然觀海棠花最美之時必是在午前，所以蘇軾又說：「林深霧暗曉光遲，日暖風輕春睡足」。在深林中霧氣濃重，故清晨之晨曦，透過霧氣照到樹林中的光線，顯得遲緩，較慢照入。在春天充足陽光，春風吹拂時，海棠精神飽滿綻放花朵。然而雨中海棠於蘇軾而言，卻更有另種情態，他說：「雨中有淚亦悽愴，月下無人更清淑」。雨中有淚是指雨中的海棠花，花瓣之雨水，似佳人哭泣落下淚珠。然此也是海棠花性格之呈現，其為名花，有其尊嚴與矜持，不願在人前顯悲傷之情感，引人憐憫。藉降雨伴隨雨水落淚，以排遣憂傷。「雨中有淚」，有雨有淚，已經是空谷幽蘭已夠寂寞，又加以淒風苦「雨」（「雨中有淚」），屋漏偏逢連夜「雨」，以言其悽愴遭遇。但也因為在氣候不佳的夜月下、四下無人時，更表現出海棠花清幽超逸之美。

　　下面蘇軾話說，得觀此獨開於竹籬之海棠之因緣在於「先生食飽無一事，散步逍遙自捫腹」。蘇軾在黃州無一事可作，他想作事，但別人不給作事的機會，此可見於「可憐無補絲毫事，尚費官家壓酒囊」[21]（〈初到黃州〉），神宗皇帝將其貶謫到黃州，又職位是「團練副使本州安置不得簽署公事」無法做任何事，這是與海棠花同苦孤獨而又同悽愴的原因。因此他才「散步逍遙自自捫腹」，內心苦悶需外出散步，以化解其抑鬱。他非真閒散逍遙，其實處處受到監視，別人覺得蘇軾很清閒快活，其實他自覺悲愴。懷著抑鬱不得志之心，蘇軾「不問人家與僧舍，挂杖敲門看修竹」，不問地點，不管是人家或僧舍，只要是竹便就挂杖敲門前往觀看，以欲學竹來自持其志。蘇軾遇見海棠花，便是訪尋修竹的過程中意外地發現的，他說：「忽逢絕艷照衰朽，歎息無言揩病目」。蘇軾忽然在黃州遇到了海棠花，為何他稱其為「絕艷」？因此時此地之海棠更顯其與眾不同之美。詳言之，因其在此地，更能展現西蜀不能展現之清淑。憐花即自憐，蘇軾先是有疑問「陋邦何處得此花」，此簡陋之地，為何能得到此名花？又解答道「無乃好事移西蜀」似有負面好事者所為之意。然而以上之解，非真正蘇軾所獲得之最終答案。關於海棠花在黃州出現之原因，蘇軾有三個說法：「也知造物有深意」、「衔子飛來定鴻鵠」、「無乃好事移西蜀」。三說中前兩則意思傾向正面，實則此處「好」亦可解為正面之意。言「好事移西蜀」，可指非閒來無事，實則是有深意將它放在此處。故而後接，「寸根

21　參〔宋〕蘇軾撰；〔清〕王文誥輯注；孔凡禮校點：《蘇軾詩集》，頁1032。

千里不易致，銜子飛來定鴻鵠」。一吋之根何以能到千里之遙的黃州，銜你過來此地的應是翅膀強健有力，能高飛之鴻鵠。

惟即便是鴻鵠銜其子而至、知是造物有深意而至黃州，蘇軾亦是不能不感到悽愴。因為，「天涯流落俱可念，為飲一樽歌此曲」。蘇軾仍無法抹除其天涯流落之感，流落不僅對花來說是可悲的，對人亦然。他們同此命運，故蘇軾要「為飲一樽歌此曲」、「明朝酒醒還獨來」。然等到蘇軾明日獨來時，海棠在花季之後，紛紛凋零殞落，使同此命運之蘇軾，傷心而不忍觸其花瓣。「不忍觸」深沉淒楚，固知是命運安排，但仍想落葉歸回根歸故鄉。花落是死亡，故其表達想落葉歸根。從序所言「土人不知其貴」，此處所有人皆是土人。土人文化素養不足，不知此花名貴，不懂欣賞。此外言當地之人無見識，見識指識人之明，由對海棠之見識，引出對人之見識。蘇軾用很多「獨」，開頭與結句蘇軾都是獨，「只有名花苦幽獨」、「明日酒醒還獨來」，還有「新詩吟罷還獨和」等，此是他在黃州孤獨之情之表現。但抱著期望來欣賞卻看到其凋落，流落異鄉，沒沒無聞之名花，在花季之後，紛紛凋零殞落，使同此命運之蘇軾，傷心而不忍觸其花瓣。又本詩有一問題需解答，第二句說「只有名花苦幽獨」，第三句說「嫣然一笑竹籬間」，其「苦」與「笑」之理由為何？此問題之解決有二：其一，「也知造物有深意」其「知」之主體為誰？其實是蘇軾知海棠，也知「造物有深意」。其二，蘇軾知道其命運，但是也是悲傷「悽愴」。他還是無法跳脫命運惡劣的悲傷，此時還是傾向自憐。證據在「雨中有淚亦悽愴，月下無人更清淑」。他在人前還表現曠達，其實仍悲傷。詩末之「雪落紛紛哪忍觸」，呼應他對於「天涯流落俱可念」之心理，亦仍是悲傷

的。詩詞的一字有很多意涵，對於笑的解釋，非僅指喜悅高興，此指領悟造物深意之後，會心一笑。

第三節　晚期：成己成物之竹

關於蘇軾晚期竹書寫，乃相應於〈東坡八首〉屬於「天養」之心境。以〈東坡八首・其六〉[22]、〈是日，偶至野人汪氏之居，有神降於其室，自稱天人李全，字德通。善篆字，用筆奇妙，而字不可識，云，天篆也。與予言，有所會者。復作一篇，仍用前韵〉[23]二首爲代表。

元豐四年之〈東坡八首・其五〉詩云：

> 良農惜地力，幸此十年荒。桑柘未及成，一麥庶可望。
> 投種未逾月，覆塊已蒼蒼。農夫告我言，勿使苗葉昌。
> 君欲富餅餌，要須縱牛羊。再拜謝苦言，得飽不敢忘。

蘇軾於〈東坡八首・其五〉之「良農惜地力，幸此十年荒」，能從「荒」與「幸」之一體兩面以知天命不窮於己而反養於己。而蘇軾〈東坡八首・其六〉詩云：

> 種棗期可剝，種松期可斫。事在十年外，吾計亦已慤。

---

[22] 參〔宋〕蘇軾撰；〔清〕王文誥輯注；孔凡禮校點：《蘇軾詩集》，頁1082。

[23] 參〔宋〕蘇軾撰；〔清〕王文誥輯注；孔凡禮校點：《蘇軾詩集》，頁1105。

> 十年何足道，千載如風電。舊聞李衡奴，此策疑可學。
> 我有同舍郎，官居在灃嶽。遺我三寸甘，照座光卓犖。
> 百栽倘可致，當及春冰渥。想見竹籬間，青黃垂屋角[24]。

他於〈東坡八首・其六〉之「想見竹籬間，青黃垂屋角」，是期能修得如竹與橘般美好之德之意義，顯然已由謫黃早期元豐三年十一月、十二月之〈東坡八首・其二〉之「好竹不難栽，但恐鞭橫逸」的戰戰兢兢如履薄冰之工夫中收獲一定程度的成果。最後，蘇軾謫黃早期元豐三年十一、二月之〈東坡八首・其一〉[25]詩云：

> 廢壘無人顧，頹垣滿蓬蒿。誰能捐筋力，歲晚不償勞。
> 獨有孤旅人，天窮無所逃。端來拾瓦礫，歲旱土不膏。
> 崎嶇草棘中，欲刮一寸毛，嗟焉釋耒嘆，我廩何時高。

除了感嘆境況艱苦更悲嘆自己為「孤旅人」，至元豐四年二月〈東坡八首・其七〉[26]之詩云：

---

24 參〔宋〕蘇軾撰；〔清〕王文誥輯注；孔凡禮校點：《蘇軾詩集》，頁1082。此首詩已於第二章〈東坡八首〉詳解，為避煩冗此處僅作與主題相關之分析。

25 參〔宋〕蘇軾撰；〔清〕王文誥輯注；孔凡禮校點：《蘇軾詩集》，頁1079。

26 參〔宋〕蘇軾撰；〔清〕王文誥輯注；孔凡禮校點：《蘇軾詩集》，頁1082。

> 潘子久不調，沽酒江南村。郭生本將種，賣藥西市垣。
> 古生亦好事，恐是押牙孫。家有十畝竹，無時客叩門。
> 我窮交舊絕，三子獨見存。從我於東坡，勞餉同一餐。
> 可憐杜拾遺，事與朱阮論。吾師卜子夏，四海皆弟昆。

從此時開始，他便能開朗樂觀地嘲弄說道「可憐杜拾遺，事與朱阮論」、「我窮交舊絕，三子（潘、郭、古）獨見存」、「吾師卜子夏，四海皆弟昆」，不再以孤旅人自居，感幸有知己友朋相伴在側。

蘇軾謫黃晚期言竹，不但是天養之竹、也是成己成物之竹，帶有極強意義的道德使命感。我們可由蘇軾元豐五年一月作〈是日，偶至野人汪氏之居，有神降於其室，自稱天人李全，字德通。善篆字，用筆奇妙，而字不可識，云，天篆也。與予言，有所會者。復作一篇，仍用前韻〉可見，其詩如下。

> 酒渴思茶漫扣門，那知竹裏是仙村。
> 已聞龜策通神語，更看龍蛇落筆痕。
> 色瘁形枯應笑屈，道存目擊豈非溫。
> 歸來獨掃空齋臥，猶恐微言入夢魂[27]。

本首詩之逐句解析分別如下。「酒渴思茶漫扣門，那知竹裏是仙村」，在飲濃酒後原本打算想要以清淡茶味解渴，於是慢悠的叩

---

[27] 參〔宋〕蘇軾撰；〔清〕王文誥輯注；孔凡禮校點：《蘇軾詩集》，頁1105。

門；哪知道這竹林之中原來是仙人寄寓之仙村。「已聞龜策通神語，更看龍蛇落筆痕」，之前便以知曉龜甲、竹策與仙語能相互通達，現在更是親眼目睹這些神仙之語，有如龍蛇盤踞而下成為筆跡。「色瘁形枯應笑屈，道存目擊豈非溫」，仙人看到我色瘁形枯，便有如漁父看到屈原，笑其不能與世推移；我看見仙人，則有如溫伯雪子看到孔子，天道在其身上彰顯其身。「歸來獨掃空齋臥，猶恐微言入夢魂」，我回來後獨自打掃空曠的齋房入睡，還是擔心聖人之魂所發之微言入夢。

題目之意為正月二十日，蘇軾偶至黃州鄉野之人汪若谷的居住的處所，其家神降臨在他的室內，這位神人自稱為天人李全，字德通。這位神人善於篆字的字體，運用毛筆奇怪而巧妙，然而所寫出的篆字無法辨識，他自稱這是天篆。跟我說話，好像有些部分能夠領。又再用前韻作一篇。詩之內涵分析如下：

「酒渴思茶漫扣門，那知竹裏是仙村」，蘇軾因為喝酒感到口渴想喝茶而隨意扣門，因此到鄉野人家汪氏家中，由此有一奇遇，猜想可能此處有竹林，所以蘇軾說「那知竹裏是仙村」，仙村的意思是指神仙所住之地，引起下文所說的天人。「已聞龜策通神語，更看龍蛇落筆痕」，「那知」指不知，料想不到龜策通神語，是指用龜殼與策占卜，來溝通人與神之間的語言，已聞是指早就聽聞。「更看龍蛇落筆痕」更看表示日新月異，更出新招，「龍蛇落筆」指他所寫的篆書無人能理解，而「更看」、「痕」表示對這種難以辨認的字的痕跡，想要辨認清楚，主動的想要認識理解的意志。

「色瘁形枯應笑屈，道存目擊豈非溫」，「色瘁形枯」這句詩的主詞是屈原，「色瘁形枯」。他把自己比喻成屈原，把對方

比喻成溫伯雪子。自我解嘲，不同時代跨時空的轉折。「道存目擊豈非溫」，但是蘇軾又說道存目擊，〈漁父〉嘲笑屈原弄得色瘁形枯[28]。但又寫溫伯雪子，原先溫伯雪子以為客人要向他求道，後來反而有所得於魯人，因他本以為魯人只知禮義之道。指溫伯雪子原本看不起魯人，沒想到他反而受教於孔子，原本還笑孔子，後來自己知道不能嘲笑別人了。「道存目擊」是用典，蘇軾將對方比喻為《莊子・田子方》中的溫伯雪子[29]，蘇軾再自比為孔子，孔子認為溫伯雪子為目擊道存，不能用語言表達。重點在孔子《春秋》微言大義，他或者在批判誰為亂臣賊子，蘇東坡以道自任，任重道遠。屈原肯定儒家，溫伯雪子起初批判儒家後來肯定儒家。「歸來獨掃空齋臥，猶恐微言入夢魂」，此詩有儒道分野，仙人通神理，求神問卜者看不懂天篆，龍蛇落筆痕人文之象，須透過別人解讀。所以仙村人批他的命是要與亂臣賊子對抗，所以蘇軾怕微言大義，覺得壓力很重。

第四節　結　論

　　第一部分，蘇軾到黃州與暫寓居定惠院時期，他還沒需自食其力之困境。他從幾個面相論，從外部面相論竹，竹之氣節特質是與外界對抗產生。如「風霽竹已回」、「散青玉」去看，此時因蘇軾自己原有的朝中的地位，已形成權力真空。其反思的是兩

28　參〔漢〕王逸注；〔宋〕洪興祖補注：《楚辭補注》（臺北：臺灣中華書局，1981 年），頁 1-3。

29　參〔清〕陳壽昌輯：《南華真經正義》（臺北：新天地書局，1977年），頁 325-327。

面的力量，自身力量與對抗他的力量。自身力量如：「竹露無聲
浩如瀉」。對抗他的力量如：「可折不可辱」、寧玉碎不瓦全。
他對竹為何有此命運之省思，他對自己命運多舛之解釋。他以海
棠自喻可以看出，此他所得之解：「造物有深意」。

　　他對烏台詩案透過竹兩面力量，一「竹露無聲浩如瀉」，不
因任何狀況改變。反省力量根源，反省為何有此命運，所以是對
外在之反省。一切是對原有之東西之反省，故稱海棠為「名
花」、「富貴」。反應在竹自身，也是竹自身有力量去對抗狂風
來襲。他反省自己有何力量？力量從何而來？其實是朝廷給他
力量。還回去朝廷給他的力量，反省自己還有什麼力量。而另
一個自己慢慢蓄積力量，他仍有力量。孔子曰：「我欲仁斯仁至
矣」[30]，此時是其思維第一期。是對己之力量處境反省。別人給
的，在其位謀其政。別人拿走力量，自己還是有力量。他自比海
棠與修竹之關係，人家與僧舍，不同處境之竹，不管在何處，都
表現其挺立。與開在蜀地海棠花相比較，真高貴不需擇地，都能
彰顯，海棠、竹皆如此。此時還未開始耕作。

　　此時是〈東坡八首〉之其二，「好竹不難栽」，蘇軾是抱持
什麼心態？栽什麼竹？其不擔心竹不好種，而是擔憂竹之根亂
竄，任何事都需依中道而行（不放縱）。竹除可折不可辱，竹非
只有剛強性，「鞭橫逸」之特點，即是要約束，保持中道。反省
「可折不可辱」，保持中道，非意氣而行，折是殉道。此時他是
天窮，處命運之困境，剛強易折，勇猛躁進。

30　〔宋〕朱熹：《論語集註》，《四書集註》（臺北：藝文印書館，
　　1980），卷4頁8下。

　　繼而，是其氣節面臨考驗之時，馬生為蘇軾借地，因全家到此地，蘇軾面臨乏食之困境，亦是氣節面臨考驗之時。朝廷給他自生自滅，需了解蘇軾此時之悲慘，是生死抉擇。需了解其苦難，是很徹底之苦難，此是人之力量之彰顯，生存與氣節之彰顯。要不要去跟新進示好，脫離困境。最磨難心志之時，其所說的是，竹除「不問人家與僧舍，拄杖敲門看修竹」。與上面天窮時所論的種竹之事，都是歷程，他已經慢慢進入自我之反省與省思。

　　繼而，蘇軾之思想進入晚期，天養之時期，也是成己成物之境。〈東坡八首‧其六〉，「想見竹籬間，青黃垂屋角」，蘇軾想用李衡之法亦種橘，但李衡是退休與蘇軾不同。蘇軾已尋求平衡之道，能與人間世相和諧，得到心安之道。此是其思想上大躍進，之前雖稱知「造物有深意」，但他當時對天意未必真知。非稱知就是真知，有時看似「窮」，其實是「養」，此是真正圓融。

　　此時期蘇軾是謫黃晚期處於成己成物之時期，李澤厚認為蘇軾對社會退避，對人世厭倦[31]，但是非如此。他已能達到知天命而安命，並且回轉到如何助濟蒼生。所謂「猶恐微言入夢中」，這才是濟世。蘇軾因為與黃州那位自稱天人的村野之人之間的對話，蘇軾因此所作之詩，詩中表現蘇軾出推己及人，經世濟民，此是竹的全幅價值散發。仙村非荒野，非出世之仙村，而是一個真正之村，蘇軾是不能安於遠離苦難之仙村而存活的。李澤厚說：（蘇軾）「奉儒家，而出入佛老」，此是對的，但蘇軾非歧

31　李澤厚：《美的歷程》（臺北：金楓出版社，1991 年），頁 207。

出，他認爲蘇軾是逍遙，其實蘇軾是「出入佛老，歸於儒」[32]，蘇軾是典範，以道自任之生命，不可破碎，剛直威武不屈，對考驗之挑戰是很切實的[33]。

---

[32] 李澤厚：《美的歷程》，頁 209。

[33] 徐建芳《蘇軾與周易》引李澤厚《美的歷程》對蘇軾「對社會退避」之論作評議，他說：「此段話中關於蘇軾美學追求的評價大致不差，但毋庸諱言，對蘇軾的人生的理解則有失偏頗……蘇軾追求的絕對不是『一種退避社會、厭棄世間的人生理想和生活態度』……蘇軾自小就是『奮厲有當世志』，成年後也從未爲現實中的摧折挫撓，永遠是遇事則發，積極有爲。如被貶惠州時，在自身難保的情況下，尤能不在其位，而謀其政：籌款修繕兵營……元代牟巘早已注意到蘇軾的這種可貴的精神：『然東坡不以患難流落爲戚，方且施藥、葬枯骨、造橋以濟病涉，此與陸敬輿在南賓集名方同一意』。參閱徐建芳：《蘇軾與周易》（北京：中國社會科學出版社，2018 年），頁 85-86。

第四章
蘇軾謫黃時期之精神境界
——以松之意象為論

第一節　前　言

　　蘇軾謫黃時期是其文學創作上最關鍵之轉折點之一，因其在仕途上際遇的變化，引發他對此前人生的深層反省。此時期他從京畿要臣，變成黃州荒涼之地的無用之人，蘇軾對自我的重新認識，也表現於其謫黃時期不同階段的詩作中而呈現多重面相。松在中國文化中，同時具備君子與隱士雙重象徵，我們由他詩作裡對松的體悟，便能看見其心靈發展的徵兆。

　　本論文之切入方式，是以歷代對松之解析為著手點，從量與質之研究探討為基礎，以討論蘇軾對松之書寫的歷史背景與文化脈絡。首先關於量的研究部分，以下面三部書為材料，考察松主題出現之頻率及其意涵。首先，關於量的部分在《先秦漢魏晉南北朝詩》中，以松為題材有 17 首；《全唐詩》以松為題材驟增至 215 首，含松字詞有 3642 次；在《全宋詩》中以松為題材，

更高達 778 首[1]。由以上數據可以看出，唐代松書寫出現頻率提高，到宋代為最興盛時期。為何唐代松書寫出現之頻率提高？據王穎《中國古代文學松柏題材與意象研究》認為背後原因是因唐人寫松柏常是文人感物詠懷、託物自喻的媒介，又是渴望才為世用又個性鮮明的文士的象徵[2]。又宋代為何為書寫松之興盛期？王氏指出宋代詠松詩量增加最大可能的原因是因儒家理學興起，重視道德涵養與自省，故宋代詠松受重視，並達到很高的思想層次[3]。又據學者統計蘇軾詠松詩出現數量為第二高[4]，而筆者統計蘇軾謫黃之松竹梅等之自然書寫，亦以詠松詩數量第二高[5]，顯見詠松詩在蘇詩中之比重不可謂不重，故此章論詠松詩。

　　其次，關於質的研究部分，重要材料有黃永武〈詩人看松樹〉[6]、李世進〈衰松、品松、罪松──孟郊詠松詩淺論〉與王

---

[1]　上述量的部分的數據，參考王穎：《中國古代文學松柏題材與意象研究》（南京：南京師範大學，2012），頁 12。

[2]　參王穎：《中國古代文學松柏題材與意象研究》，頁 26-27。

[3]　參王穎：《中國古代文學松柏題材與意象研究》，頁 26-27。

[4]　同上章所引羅鳳珠論文，其統計蘇軾詩中蘇軾詠植物詩，詞彙出現頻率，涉松詩第二高，共計 50 次，僅次於詠竹詩。參羅鳳珠：〈從蘇軾詩之興觀群怨探討其動植物詞彙語義〉，「第八屆漢語詞彙語義學研討會」論文（香港：香港理工大學，2007 年 5 月 21 日─23 日），頁 153-158。出處：http://yzuir.yzu.edu.tw/handle/310901000/67779。

[5]　據筆者以詠松、竹、梅、蘭、菊等辭彙統計黃州時期詩，其涉松詩，共出現 17 次（松字出現 19 次，扣除 1 人名、1 地名，故共 17 次），數量亦僅次詠竹，詠松位居第二。

[6]　參黃永武：《中國詩學‧思想篇》（臺北：巨流出版社，1980），頁 43-46。

穎《中國古代文學松柏題材與意象研究》三篇論文[7]。最重要的是黃永武〈詩人看松樹〉，此文簡要說明詩人論松之特質，他從松之外形、聲音與內涵論起。黃氏言：「松的清音寒影是幽隱的隱逸之士、松的翠蓋虯枝則是儒家有守有為之士的面貌」[8]。而對於松濤之喻寫，王穎指出其聲「非大亦非小，是中庸之道，為雅正之音」[9]。李世進他綜結松之意象的比興意義在於：「耐霜長青是長壽的象徵、墓地松作為死亡和祖靈的象徵、松也作為君子人格的象徵，而澗底松則特喻為才而地位低下者的象徵，另外松還有遺世獨立隱者的象徵」[10]。

　　依據以上質、量的探討，可知道蘇軾在黃州時期有很多涉及松之詩，其實與時代趨勢有密切關係，另一方面也能了解松意象所呈現的思想上之意涵。本文欲從謫黃時期蘇詩中松之書寫，整理出蘇軾精神境界之轉變，蘇軾由早期「修身之松」對應〈東坡八首〉天窮的境界階段與晚期「俟命之松」對應〈東坡八首〉天不窮、天養的境界階段。進而論及蘇軾在松之形、松之音上的特殊差異之特性、對松之書寫典範有如何之影響與擴展，更就蘇軾種松作為佐證，討論其如何出入佛老而歸於儒。

---

[7]　參李世進：〈裒松、品松、罪松──孟郊詠松詩淺論〉，《名作欣賞》2012 年 20 期，頁 16-18。王穎：《中國古代文學松柏題材與意象研究》。

[8]　參黃永武：《中國詩學・思想篇》，頁46。

[9]　參王穎：《中國古代文學松柏題材與意象研究》，頁 119-120。

[10]　參李世進：〈裒松、品松、罪松──孟郊詠松詩淺論〉，《名作欣賞》2012 年 20 期，頁 16。

第二節　早期：修身之松

　　蘇軾在黃州書寫松，本文將其分為前後兩期早期之松，是天窮之松，天窮看似消極，實則天窮也有積極面，即修身之松。有關修身之松，我們分為兩部分討論：植松、松形與松音。

一、植松

　　蘇軾謫黃早期之松書寫，關於植松部分，有元豐三年一月作〈萬松亭・并敘〉、元豐三年一月所作〈戲作種松〉二首。關於〈萬松亭・并敘〉中言「麻城縣令張毅，植萬松於道周，以芘行者，且以名其亭。去未十年，而松之存者十不及三四。傷來者之不嗣其意也，故作是詩」[11]。詩有言：

　　　　十年栽種百年規，好德無人助我儀[12]。
　　　　縣令若同倉庾氏，亭松應長子孫枝。
　　　　天公不救斧斤厄，野火解憐冰雪姿。

11　王文誥註《蘇詩集註》：〔查註〕《復齋漫錄》：萬松嶺，在關山。《碧溪詩話》：「麻城縣界有萬松亭，連日行清陰中，其亭館亦可愛，適當關山路」。參〔宋〕蘇軾撰；〔清〕王文誥輯注；孔凡禮點校：《蘇軾詩集》（北京：中華書局，2018），頁 1027。

12　王文誥註《蘇軾集註》：「十年栽種百年規，好德無人助我儀」。〔公自註〕古語云：「一年之計，樹之以穀；十年之計，樹之以木；百年之計，來之以德」。〔合註〕《復齋漫錄》：「崇寧以還，坡文方禁，故詩碑不復見，而過往題款者，不可勝紀」。鄱陽倪左司濤詩云：「舊韻無儀字，蒼聲有恨擊。謂此也」。參〔宋〕蘇軾撰；〔清〕王文誥輯注；孔凡禮點校：《蘇軾詩集》，頁 1027。

為問幾株能合抱，殷勤記取角弓詩[13]。

蘇軾謫黃州途中，在黃州麻城縣萬松亭休息，此詩即作於萬松亭。萬松亭之命名，是因前麻城縣令張毅種植萬棵松樹於道路周邊，想用以蔽蔭行路者，造福後人，且以萬松為亭命名。張毅離開麻城縣尚未滿十年，而當時所植萬松，在蘇軾途經麻城時存活者不及三、四成。蘇軾傷後繼縣令不能承繼張毅之志故作此詩。此詩所論張毅種松，表面植松是為蔽蔭行人，實際上「以芘行者」之內涵可蘊含很多層次。種松僅其政治作為之一，庇蔭隱含多層意涵：好政治造福人民、如何德化、教化百姓。又後繼之縣令無法承繼張毅種松之精神，不能妥為照顧松苗，蘇軾感嘆如能代代相傳，就能作到很好，此是因為松需長時間培養故有此嘆。此處重點在官職是否世代相傳，若代代相傳就能好好照顧。蘇軾此詩強調松樹需要十年栽種，要完成松之使命需很長時間，才能達庇蔭人之目的。故蘇軾先傷張毅所種之松樹死亡者，此十年之內死亡松樹佔十分之六、七，僅存三、四成，蘇軾為大批松樹凋零悲傷。後又憂存活之松樹，擔心其未能受到良好照顧，憂心繼任縣令不能繼承張毅種植萬松之初衷。

　　全詩內涵如下。首聯「十年栽種百年規，好德無人助我

---

[13]　張志烈等註：〈角弓〉詩：《左傳・昭公二年》：「春，晉侯使韓宣子來聘……韓子賦〈角弓〉……既享，宴于季氏。有嘉樹焉，宣子譽之。（季）武子曰：『宿敢不封殖此樹，以無忘〈角弓〉』」。《詩經・角弓》：「騂騂角弓，翩其反矣。兄弟婚姻，無胥遠矣。爾之遠矣，民胥然矣。爾之教矣，民胥效矣」。參張志烈等註：《蘇軾全集校注》（石家莊：河北人民出版社，2010），頁2140。

儀」，說明一棵松樹要經歷十年培育，用心栽種規劃才能得合抱之松。而經過用心栽種之松樹能夠成為好的棟樑之材，能支撐建築百年。蘇軾之「好德」以松作為表現，種松是其好德表現之一，他期望麻城百姓能作到像松之表現，期望他們能效法松之德。張毅作為麻城縣令，選擇松種植可能有地理、氣候、喜好等種種因素。但更重要者可能在松所具有的象徵義，所以蘇軾把種松行為凝練成「好德」。而「好德無人助我儀」，張毅雖好（愛好）德（德性），其雖種萬松，但無人協助他能將好德作成行儀、行為規範。回扣首句「十年栽種百年規」，要十年栽種才能得合抱之松。松樹要長成一定之高度、寬度可堪運用，至少要耗費十年，蘇軾於此句詩後自註：「古語云：一年之計，樹之以穀；十年之計，樹之以木；百年之計，來之以德」。松約要花費十年培植，才能夠成為質地密緻堅硬之好松材。而一根好松木使用時間，其成效可延續到百年之久。松樹要成長十年，可以成為百年之功用、影響、典範。一個人要成一德，也需很長一段時間。第二句「好德無人助我儀」，說明張毅種植松樹這樣的好德，如此造福於百姓之好行為，卻無人能夠繼承此德政。蘇軾言張毅喜好樹松種德，但也需別人幫忙守護，讓松可以成材。要有好的法則、儀範，才能使其成材。不因天災（風雨、野火）、人禍（斤斧）傷害它而因此凋零。松由於成長期長，種植後要其好好成長，要人協助。張毅有此心志，在他植松後，也要有人好好幫忙培植。張毅種植後，無法好好照顧之因是因為職位調離，故無法延續其德政。第二聯「縣令若同倉庾氏，亭松應長子孫枝」，意指祈望麻城縣令職位，願若能像倉、庾氏，這種代代相傳之職，世代相傳。則萬松亭的松樹，當會生長茂盛，繁衍不

息，長出子孫枝。張毅期盼可得志同道合之人助其儀，但是總是有困難。

　　第三聯「天公不救斧斤厄，野火解憐冰雪姿」，所謂「天公」指超人力、超自然力量，為超越之力。「天公不救斧斤厄」，指總有後天災厄人禍，天公都無法挽救松樹被砍伐的厄運。「野火解憐冰雪姿」，說明自然的野火不忍迫害它，不把它燒光，讓它在冰雪中成長。「野火」是森林自然產生之大火，也是自然力。「解憐冰雪姿」，是指野火能憐惜松樹在冰雪中堅毅之姿。蘇軾以「天公」與「斧斤」對比自然與人為，「天公」、「野火」表示自然，自然天意不忍迫害松，不讓它被野火燒光，要讓它在冰雪中成長，但不敵人禍摧殘。末聯「為問幾株能合抱，殷勤記取角弓詩」，乃蘇軾悲憐萬松亭之松之命運，悲切地問未來有幾株松樹能夠倖存成長為能合抱的松樹之程度？目前萬松亭之松，所存不及三四成，能有幾棵能存活下來，最後達成合抱之樹之程度？其結果不可知。「殷勤記取角弓詩」，乃蘇軾囑咐後來知縣令，要記取《詩經·角弓》之精神，受爵不忘，子繼父業。要如一家人殷勤培育這些樹，以承繼張毅的心志。蘇軾勉勵後繼的麻城縣令，雖非一家人也像一家人，皆是父母官，希望能受爵不忘而非爭功諉過，期勉後繼縣令能不分你我，和睦不分裂。《詩經·角弓》與倉庾氏「子孫枝」相呼應，皆是不要分裂意。要如一家人殷勤培育這些松，以承繼張毅的心志。綜上，蘇軾〈萬松亭·并敘〉旨在透過張毅種於萬松亭之行道松，說明承先啟後者固然重要，善紹者之重要性亦不可忽視。成長中之亭松在此處被比喻為，未來國家之棟樑的賢人能者，必先有十年培育使松成材，才有百年良木良材用。種松者在此處被比喻為，好德

者、栽培國家棟樑者。松之合抱長成在此處被比喻為，可供君子所法、可庇蔭人民的賢德之人。後繼之育松者在此處被比喻為，能承前人志業如承家業一般，能為國培才養德者。

而〈戲作種松〉之種松者、種松態度、與種松之時間地點，都與〈萬松亭・并敘〉不同。一為蘇軾少時親自栽種於故鄉、但以之為戲，另一為縣令張毅有意特種於麻城縣以之為庇蔭行者。蘇軾〈戲作種松〉云：

> 我昔少年日，種松滿東岡。初移一寸根，瑣細如插秧。
> 二年黃茅下，一一攢麥芒。三年出蓬艾，滿山散牛羊。
> 不見十餘年，想作龍蛇長。夜風破浪碎，朝露珠璣香。
> 我欲食其膏，已伐百本桑[14]。人事多乖迕，神藥竟渺茫。
> 揭來齊安野，夾路鬚鬖蒼。會開龜蛇窟，不惜斤斧瘡。
> 縱未得茯苓，且當拾流肪。釜盎百出入，皎然散飛霜。
> 槁死三彭仇[15]，澡換五穀腸。青骨凝綠髓，丹田發幽光[16]。

---

[14] 王文誥註：〔公自註〕：「煮松脂法，用桑柴灰水」。參〔宋〕蘇軾撰；〔清〕王文誥輯注；孔凡禮點校：《蘇軾詩集》，頁1028。

[15] 張志烈註：「三彭」道家語，即三尸。上尸名彭倨，好寶物，令人陷昏危；中尸名彭質，好五味，惑人意識；下尸名彭矯，好色而迷人。三尸居人身中，能為人害，故學道者當先絕三尸。《宣室志》卷一：「浮屠氏契虛者，本姑臧李氏子……真君召契虛上訊曰……『爾嘗絕三彭之仇乎？』」參張志烈等註：《蘇軾全集校注》，頁2142-2143。

[16] 張志烈等註：丹田，《抱朴子內篇・地真》：「謂在臍下者為下丹田，在心下者為中丹田，在兩眉間者為上丹田」。《雲笈七籤》卷一二《黃庭外景經》上：「丹田之中精氣微」。參張志烈等註：《蘇軾全集校注》，頁2143。

白髮何足道，要使雙瞳方[17]。卻後五百年，騎鶴還故鄉[18]。

此詩異於〈萬松亭〉，前一首用道德面解讀沒有神異之事，「天公不救斧斤厄」，沒有神力松自身都無法躲人禍，此詩則帶有仙道思維。全詩內涵如下。首聯「我昔少年日，種松滿東岡」，今昔相對，是指回憶過往在少年時之事。其在家鄉眉州眉山家東邊山岡種滿松樹。第二聯「初移一寸根，瑣細如插秧」。指最初移栽時，種植僅約一吋的松苗，細碎煩瑣如插秧般。「初移」，從移栽到移苗，非從松子開始培育，故下一句言「如插秧」。其種法是密集的，松苗之間一定程度的密集，否則不會言如插秧。第三聯「二年黃茅下，一一攢麥芒」，說明松樹生長緩慢，二年後在黃茅下的松苗還很小。「攢麥芒」形容冒出麥芒形狀的松苗，細如麥穗上的細芒。第四聯「三年出蓬艾，滿山散牛羊」，指陳三年之後在黃茅下的松苗，才能從蓬艾這些雜草中脫穎而出。而新長的松苗自然有序的散布，如滿山放牧的牛羊般。第五聯「不見十餘年，想作龍蛇長」，說明十餘年未見這些松苗，蘇軾想其少年所種之松，已十餘年未見應已長大。蘇軾稱猜想現在東岡那些松樹已枝幹盤屈，如龍蛇般長了。此處描寫想像松樹枝幹長成扭曲形狀，如盤旋之龍蛇，言松已經長得很壯大。此處以龍蛇論松形有道家意涵。第六聯「夜風破浪碎，朝露珠璣香」，描述夜晚風吹動松樹，使松發出松濤之聲。夜風吹過松樹林，因松樹針

17　張志烈等註：瞳方：道家謂方瞳為仙人之徵。《神仙傳・李根》：「兩目瞳子皆方」。參張志烈等註：《蘇軾全集校注》，頁 2143。

18　參閱〔宋〕蘇軾撰；〔清〕王文誥輯注；孔凡禮點校：《蘇軾詩集》，頁 1027-1028。

葉濃密，風吹過如浪打石上激起浪花。清晨松葉之露珠如珠玉、寶石，既圓潤且帶松清新樸實之香。第七聯「我欲食其膏，已伐百本桑」，蘇軾說明其想藉由食用松樹的松脂松膏，達到輕身延年之功效。表述蘇軾自道已砍伐百株桑樹，用以製作桑柴灰水，來製造松脂。對照在〈萬松亭‧並序〉重點句是：「天公不救斧斤厄」，則表達蘇軾說天公對松之厄運之憐惜，但卻無力救助。不伐松，此處目的意圖、批判對象不同。第八聯「人事多乖迕，神藥竟渺茫」，說明人世之事，多是心與願相背離。人事有偶然性，也有被動性。很多事無法心想事成，事與願違。此指出蘇軾他雖想獲得松脂此神藥，最終竟渺茫不可得。為何「神藥竟渺茫」？因其無法取松樹脂，也無法獲取茯苓，都無法拿到。

　　第九聯「朅來齊安野，夾路鬚髯蒼」，指出蘇軾因被貶黃州到此郊野地，黃州是「江城地僻繁草木」，未開化之地，文與野乃相對詞，意指此地與文明相對。夾道兩旁種植之松，枝葉披拂，這些松樹如鬚髮滿佈之人已成長壯大。第十聯「會開龜蛇窟，不惜斤斧瘡」，表述松脂入土千年為茯苓，狀如龜蛇鳥獸者良，其鑿開地以尋求好的茯苓。又說明他為求得千年茯苓，不惜在松樹的枝幹上砍伐出刀斧的傷痕，以求得到松脂。第十一聯「縱未得茯苓，且當拾流肪」，蘇軾指出其種松樹首要在得茯苓，第二是松脂。為何不能得茯苓有何意？此處之伐松可與〈萬松亭‧并敘〉交叉看。為何他已叫人代代守護松，此處又伐松，對照是否自我矛盾？理由在這兩首詩對松抱有不同意圖與態度，此處其所伐之松非其所效法之松。第十二聯「釜盎百出入，皎然散飛霜」，說明松脂要以釜盎百次冶煉。最後得到白如玉的松脂，「散」是飄散，「飛霜」可能是描寫其白，其潔白如秋天之

飛霜。第十三聯「槁死三彭仇，澡換五穀腸」，說明使修道人之仇敵，三彭是三尸（上、中、下）（彭倨、彭質、彭矯）（物欲、口欲、色欲）枯槁而死。「槁死」與「澡換」兩句有因果關係，「三尸」是指物、口腹、色等人之欲望，「仇」是狀態，指去欲。他指出要修仙要先以天理戰勝人欲，如洗浴除去汙穢般更換食用五穀之凡胎俗腸。如果有辦法，除則澡換，脫塵絕俗。第十四聯「青骨凝綠髓，丹田發幽光」，此說明達道家修煉者的特異表徵，擁有青骨。為道成仙之功夫，非僅食用松脂即可成仙，需要絕三尸，僅有仙藥無法成仙。避穀餓死無法成仙，所以成仙非真要不吃食物（辟穀），主要是要絕欲望。此處可看出儒道不同，道家要修煉以成仙，儒家則重視道德實踐，欲為聖賢。又此處指出修為者狀態是丹田發出幽暗的光芒，丹田分上、中、下丹田（臍下三寸、心下、眉間）。丹田能發幽光，是異相，表示其精神境界與眾不同，在道教是達到特殊境界之徵兆。第十五聯「白髮何足道，要使雙瞳方」，蘇軾言白髮蒼蒼，這些都不值一提。蘇軾不注意白髮，歲月流逝與形體身軀不是他在意的。所謂還要使得雙目瞳子皆方，乃顯現仙人之特徵。（食用松脂，要達到仙人之境界）。「雙瞳方」乃境界之外顯於形軀者，透過絕三尸，人之精神境界能提昇，重點在精神，突破本能之習氣，人生境界提昇，達到很高之境界。第十六聯「卻後五百年，騎鶴還故鄉」，說明服用松脂，一旦成仙，五百年後去執念與牽掛，等到達那境界時，再回去故鄉。他在這首詩中有幾個層次，首先他欲得茯苓、松脂以出世成仙；然他又道成仙後還要「騎鶴回故鄉」，「回故鄉」表明其真意乃出世間而未離，入間世也。

二、松形、松音

　　關於蘇軾謫黃早期修身之松，呼應〈東坡八首〉的天窮之境，所涉及松形之詩之討論如下。蘇軾黃州謫黃早期論松形之方向著墨於軀幹、枝葉、松聲部分。此時期對松形之描寫，如上面談及的元豐三年之〈萬松亭・并敘〉，其論松之枝繁葉茂之句如「亭松應長子孫枝」，表面言松枝茂盛，實則比喻儒家賢人君子之德盛者，為儒家之松。又如前所論蘇軾植松之〈戲作種松〉中形容松之軀幹之形貌為含有道家意象的「不見十餘年，想作龍蛇長」。形容蘇軾多年不見自己所種之松，猜想已如龍蛇般的成長茁壯。此處蘇軾以龍蛇論松之形，此詩是道家之松，此處龍蛇也含此意。此二詩由於上文已經詳細討論，故此處僅簡要論及。

　　而涉及松聲、有松風之描寫的為作於元豐三年二月之〈定惠院寓居月夜偶出〉[19]，詩云：

> 幽人無事不出門，偶逐東風轉良夜。
> 參差玉宇飛木末，繚繞香煙來月下。
> 江雲有態清自媚，竹露無聲浩如瀉。
> 已驚弱柳萬絲垂，尚有殘梅一枝亞。
> 清詩獨吟還自和，白酒已盡誰能借。
> 不辭青春忽忽過，但恐歡意年年謝。
> 自知醉耳愛松風，會揀霜林結茅舍。
> 浮浮大甑長炊玉，溜溜小槽如壓蔗。

---

[19]　參〔宋〕蘇軾撰；〔清〕王文誥輯注；孔凡禮點校：《蘇軾詩集》，頁1032-1033。

飲中真味老更濃，醉裏狂言醒可怕。

但當謝客對妻子，倒冠落佩從嘲罵[20]。

此詩在論詠竹詩一章已經處理，此處指就松的書寫作討論。本詩
中言及松之句子爲：「自知醉耳愛松風，會揀霜林結茅舍」，此
詩將松、竹、梅、柳並列。相對於「竹露」之聲是「無聲浩如
瀉」，乃對應蓄勢待發，以圖謀而後動的入世之聲。「自知醉耳
愛松風」是松風之聲，乃與所居之地「會揀霜林結茅舍」爲相互
映照。所以言「醉」乃相對「醒」說，表示蘇軾此時清醒時仍多
少有忿忿不平之心，是以醉裡容易突出狂言，故有此法松之說。
當時柳是弱柳，梅是殘梅，是時所能發聲者是竹與松。松竹之音
二者之間是爲互補關係，松濤於此可以說是遠離塵囂、自潔自好
以蓄積力量時的中正之聲，非純然是出世隱逸之意也。

第三節　晚期：俟命之松

蘇軾松書寫晚期是俟命之松。有關俟命之松，我們分爲兩部
分討論：植松與松形、松音等。

一、植松

蘇軾謫黃晚期，涉及植松的詩有三首，分別爲作於元豐四年
二月〈東坡八首・并敘・其六〉、作於元豐五年十月〈弔徐德

20　參〔宋〕蘇軾撰；〔清〕王文誥輯注；孔凡禮校點：《蘇軾詩集》，頁
　　1033。

占〉與作於元豐六年十月〈和蔡景繁海州石室〉等三首。首先，
蘇軾〈東坡八首·其六〉，乃謫黃晚期俟命之松，相對於〈東坡
八首〉天養之境。〈東坡八首·其六〉詩云：

> 種棗期可剝，種松期可斫。事在十年外，吾計亦已慤。
> 十年何足道，千載如風雹。舊聞李衡奴，此策疑可學。
> 我有同舍郎，官居在灉嶽。〈（李公擇也。）〉遺我三寸
> 甘，照座光卓犖。
> 百栽倘可致，當及春冰渥。想見竹籬間，青黃垂屋角[21]。

此詩之細部解讀已在論蘇軾田園詩〈東坡八首〉時作討論，此處
僅論其詠松之處。「種棗期可剝，種松期可斫」，蘇軾並未言明
伐松是傾向道家意象之作為食用（松脂、茯苓），或是傾向儒家
意象成材作為材料用（樑柱）。蘇軾在經歷墾荒、旱災等身體與
心境磨難後，能在春季種稻，且能在種麥時得到農人之苦言勸
誡，在現實困境一一解開後，身心壓力得到一定之緩解，此時期
於〈東坡八首〉第六首寫種樹。蘇軾有種樹之規畫，包含種棗、
松、橘等，種樹比起種稻培育時間更為漫長，蘇軾自己也稱「事
在十年外」。此處種植松樹代表的是蘇軾之心志，其最重視者仍
然是培育棟樑之才或重視樹德之事，松之耐寒特質是隱含在棟樑
之才之內的，因其能耐寒才有能有堅硬之質地，才能承擔棟樑之
才之責任。

---

[21] 參〔宋〕蘇軾撰；〔清〕王文誥輯注；孔凡禮點校：《蘇軾詩集》，頁
1082。

而蘇軾元豐六年〈弔徐德占〉一詩[22]，此謫黃晚期俟命之松，相對於〈東坡八首〉天養之境。此詩將徐德占比喻為松樹，將其視為國家棟梁之材。二人之相識經過，由〈弔徐德占并引〉可知，其云：「余初不識德占，但聞其初為呂惠卿所薦，以處士用。元豐五年三月，偶以事至蘄水。德占聞余在傳舍，惠然見訪。與之語，有過人者。是歲十月，聞其遇禍，作詩弔之」。可見蘇軾他認識徐德占之經過。此處為對徐德占之背景說明，徐氏為進士但似未任官，是呂惠卿舉薦他。徐德占來自呂惠卿陣營，與蘇不同陣營，屬於敵對陣營。又蘇軾是文官，徐德占是武官，原沒機會深交。「呂惠卿薦，是以處士用」，指其是透過舉薦，非考試。宋代科舉制度，需按步驟參與考試，處士是有才華隱居

22　王文誥註：〔查註〕《東都事略》：徐禧：字德占，洪州分寧縣人。熙寧初，呂惠卿領修撰經義，禧以進士充檢討，又上治兵策。召對，除御史裏行，歷中丞。王師伐西夏，鄜延帥沈括請城永樂，詔禧往相其事。城成，禧與括俱還米脂砦。明日，賊數千騎趨新城，禧急往視。或說禧曰：「本奉詔相城，禦寇非職也。」禧不聽，比至永樂拒戰，不利，城陷，俱沒。神宗哀之，賜諡忠愍。禧為人，疏狂而有膽氣，好言兵，惠卿以此力引之。先是惠卿在延州，首以邊事迎合朝廷，沈括繼之。陝西、河東，騷然困弊，復請城永樂，以圖進取。禧既入賊境，寡謀輕敵，以至於敗。《宋史·夏國趙秉常傳》：元豐五年五月，沈括議築永樂城，種諤等極言不可，徐禧率諸將竟城之。賜名銀州砦。永樂接宥州，附橫山，夏人必爭之地。九月，夏人來攻禧，乃挾李舜舉來援。夏兵至者，號三十萬，禧師敗績，城遂陷，禧死於亂兵。是役也，死者將校數百人，士卒夫役三十餘萬。夏人乃耀兵米脂砦下而還。〔誥案〕邵伯溫《聞見錄》云：「徐禧或云降蕃。張芸叟言，有自西夏歸見之者，舜舉自經死，或云李稷以酷虐乘亂為官軍所殺」。參〔宋〕蘇軾撰；〔清〕王文誥輯注；孔凡禮點校：《蘇軾詩集》，頁1134-1135。

者。徐德占以其論兵意見被呂惠卿所見而被薦舉，據上引資料其以處士身分被薦。「但聞」是蘇軾僅聽說德占未見其人，而呂惠卿認識徐德占，則是因為徐德占對經義的理解。徐德占又說其有兵策，呂惠卿因此薦舉給神宗。蘇徐兩人正式相見乃徐德占於元豐五年三月，偶以事至蘄水（湖北省浠水縣舊名）往見蘇軾，蘇軾說：「德占聞余在傳舍，惠然見訪。與之語，有過人者」。有過人者指其才性、德性都有過人之處。五年八月、九月間徐戰死。徐德占最後擔任中丞之職，王師與西夏之戰爭，徐德占捐身於靈州永樂之役，戰死於永樂城，在與西夏對抗的戰爭中死亡，被神宗賜號忠愍，然而敵對之黨派陣營卻汙衊徐德占投降。「是歲十月，聞其遇禍，作詩弔之」。何言「禍」？「死者不可侮」，蘇軾指陳已死之人還遭造謠陷構，人格受汙衊。武官為國戰死，不能稱之為禍，乃盡忠而亡，死得其所，「禍」是評價語。以此可見蘇軾在黨爭中，多能站在客觀公正立場評論。

蘇軾〈弔徐德占〉詩云：

> 美人種松柏，欲使低映門。栽培雖易長，流惡病其根。
> 哀哉歲寒姿，骯髒誰與論[23]。竟為明所誤，不免刀斧痕。
> 一遭兒女污，始覺山林尊。從來覓棟梁，未省傍籬藩。
> 南山隔秦嶺，千樹龍蛇奔。大廈若畏傾，萬牛何足言[24]。

23　張志烈等註：骯髒：剛直倔強貌。參張志烈等註：《蘇軾全集校注》，頁 2405。

24　王文誥註：杜子美〈古柏行〉云：「大廈如傾要梁棟，萬牛回首丘山重」。參閱杜甫〈古柏行〉：「孔明廟前有老柏，柯如青銅根如石。霜皮溜雨四十圍，黛色參天二千尺……大廈如傾要梁棟，萬牛回首丘山

不然老巖壑，合抱枝生孫。死者不可侮，吾將遺後昆[25]。

全詩之內涵如下。第一聯「美人種松柏，欲使低映門」，美人種植松柏樹，指有才德之君子種松柏，此處種松柏蘊含為國家育才意。而要使松柏枝葉茂盛，能垂下枝條遮蔭家門。「低映門」是種松目的，指美人期望松柏長得很好，德性茂盛，要使它蔽蔭後人。第二聯「栽培雖易長，流惡病其根」，說明松柏能長於生存條件惡劣之地，如高聳的斷崖或寒冷之地。松能易長是因它有對抗性，其有能夠對抗環境之力量。松之德行高、能力強，不會在惡地生長不好，因其本身材質很好。但是水若污穢也會使其根不健康，本質很好但擋不住外在陷害，如子路。「惡流」指中傷傷害。「病其根」指使其根生病長不好。第三聯「哀哉歲寒姿，骯髒誰與論」，說明哀傷松柏具有《論語・子罕》：「歲寒，然後知松柏之後凋」，其有歲寒不凋的剛毅品格與姿態。蘇軾悲哀徐德占有歲寒之姿態，能抵禦外在的嚴酷環境。又稱其剛直倔強之性格，沒有誰可以與他相提並論。第四聯「竟為明所誤，不免刀斧痕」，指松樹有松脂而能有照明功能，反而害了自己。松樹因為自己的才識被矚目，而也因自身之明見而誤了自己。由於有這個功能，而不能免除被刀斧砍伐，渾身累累刀斧。徐德占有德，也有武略，但也因此為他召來刀斧。徐德占以其才德吸引到呂惠

　　重」。參〔宋〕蘇軾撰；〔清〕王文誥輯注；孔凡禮點校：《蘇軾詩集》，頁 1136；〔唐〕杜甫；謝思煒：《杜甫集校注》（上海：上海古籍出版社，2015），頁 592。

[25] 參〔宋〕蘇軾撰；〔清〕王文誥輯注；孔凡禮點校：《蘇軾詩集》，頁 1134-1135。

卿之舉薦，也因此被砍伐。其引申非只因其有松脂，他被批判是因為背後的利益，樹大招風。第五聯「一遭兒女污，始覺山林尊」，說明一旦遭到了凡俗兒女的傷害污辱，松樹因有松脂使得任何人都會來割或砍，以取得其松脂。故稱一旦遭到了凡俗流言的傷害污辱，但凡只要遭污賤，如惡流、刀斧，就被禍害，此時才感到山林是很有價值的。徐德占一開始未入世是處士，起初他也覺入世很好，直到一旦遭到汙蔑才感到山林之尊。「始覺」兩字含有價值判斷。「始覺」，隱含後悔之意，徐德占之事也非因戰爭，是人禍。他戰死還被誣陷投降，誣言讓人為其不平，而此也是蘇軾深惡痛絕的。蘇軾也是因受到別人語言的污蔑，而遭遇烏臺詩案被貶。「始覺」指徐德占原是處士，被禍害才覺山林的好。「尊」是上，「始覺」，才覺不應該離開山林，體認到山林之好。第六聯「從來覓棟梁，未省傍籬藩」，自古以來尋找棟梁之才不會在人家籬藩找一般草木。「籬藩」，即籬笆。為何山林是最適宜種松柏之地？因為要尋找頂天立地之棟樑，會去山林尋找。「傍籬藩」，只能是一般的花草樹木。一般作為棟樑需要寒帶樹木，其木質才足夠堅硬。此類樹不會在人家籬藩尋找，不會是傍籬藩的一般之花草樹木。第七聯「南山隔秦嶺，千樹龍蛇奔」，指出終南山間隔著秦嶺，終南山為其主峰之一。而千株的老松柏，生長茂盛如蒼勁屈曲之龍蛇。松樹長得很巨大，樹木之根枝幹等，像龍蛇。松樹種植之地得宜，其高度與粗壯程度都很好，生命力旺盛。龍之巨大，很壯觀，松林像千條龍蛇在奔走。第八聯「大廈若畏傾，萬牛何足言」，意為大廈如若傾倒，要有樑棟支撐。形容古松柏重如丘山，萬牛也難拉動。此參考杜甫

〈古柏行〉[26]，蘇軾引用前半句，「大廈若畏傾」，大廈怕傾倒，需要有棟樑之材支撐才可穩固，徐德占是棟樑之材，是質堅巨大之松柏，即便萬牛也難以撼動。其中隱含幾層意涵，第一層，即便今天徐已去世，你們這些小人也撼動不了。你們的齟齬之言，真的能撼動他成為另一個樣子嗎？或許也可能大廈被你們撼倒，但你們也無法改變其丘山之才。第九聯「不然老巖壑，合抱枝生孫」，意指松樹或者另作抉擇，其若選擇終老於山谷溝壑。長在深山巖壑中，松樹將長成合抱大樹，且能夠一代代相傳，枝繁葉茂，生生不息。第十聯「死者不可侮，吾將遺後昆」，去世的人（此處指徐德占）不可以侮辱他，蘇軾將要此道理留給徐德占的後代子孫。徐德占是死了，他已選擇走上此路，但是徐德占不可侮，萬牛也不能撼動他、侮辱他。而對遺族而言，你們去侮辱徐德占，影響到徐的後代。有些人受到輕視排擠，清楚內幕者也不敢為其辯白，即使死者是清白不可侮的，蘇軾將把這些告訴徐之後人。蘇軾是正派的，良將賢德之才，無論世人接不接受，遺族都應尊重，肯定其先人。蘇軾即便與徐只有一面之緣，但他能識其才。而且蘇軾也遭人陷構，蘇軾與徐德占都一樣，如松樹般「盡為明所誤」，以其才受關注，也因此被刀斧傷害。他們不諳世事之處，在於沒認識新舊黨的禍害，這種兩黨對立是沒有必要的。

　　謫黃晚期第三首關於植松之詩為蘇軾〈和蔡景繁海州石室〉此謫黃晚期俟命之松，相對於〈東坡八首〉天養之境。〈和蔡景

26　〔唐〕杜甫撰；謝思煒校注：《杜甫集校註》（上海：上海古籍出版社，2015），頁592。

繁海州石室〉詩云：

芙蓉仙人舊遊處[27]，蒼藤翠壁初無路。

戲將桃核裏黃泥，石間散擲如風雨。

坐令空山出錦繡，倚天照海花無數[28]。

花間石室可容車，流蘇寶蓋窺靈宇。

何年霹靂起神物，玉棺飛出王喬墓[29]。

當時醉臥動千日，至今石縫餘糟醋[30]。

仙人一去五十年，花老室空誰作主。

---

[27] 王文誥註：〔公自註〕石曼卿也。〔查註〕《宋史·文苑傳》：「石延年，字曼卿，幽州人。後家於宋。為文勁健，於詩最工」。《六一詩話》：『曼卿自少以詩酒豪放自得氣貌偉然……曼卿卒後，故人有見之者，恍惚如夢中。言我今為鬼仙也，所主芙蓉城。欲呼故人往游，不得，憤然騎一就去如飛』」。參〔宋〕蘇軾撰；〔清〕王文誥輯注；孔凡禮點校：《蘇軾詩集》，頁1178。

[28] 王文誥註：〔施註〕《歐陽公詩話》：「石曼卿通判海州。以山嶺高峻，人路不通，了無花卉點綴映照，使人以泥裏桃核為彈，拋擲於山嶺之上。一二歲間，花發滿山；魏如錦繡」。參閱〔宋〕蘇軾撰；〔清〕王文誥輯注；孔凡禮點校：《蘇軾詩集》，頁1178。

[29] 王文誥註：〔王註〕《後漢·王喬傳》：「喬為葉令，天降玉棺於堂前，吏人推排，終不搖動。喬曰：『天帝獨召我耶』，乃沐浴寢其中，蓋便立覆宿昔葬於城東，而土自成墳」。參閱〔宋〕蘇軾撰；〔清〕王文誥輯注；孔凡禮點校：《蘇軾詩集》，頁1179。

[30] 王文誥註：〔王註〕范傳正作〈李太白墓銘〉云：「至今尚疑其醉在千日」。〔施註〕《博物志》：昔劉元石於中山酒家酤酒，酒家與千日酒，而忘言其節度。歸至家，當醉，家人以為死，撤葬之。酒家計千日滿，往視之，開棺，始醒。參閱〔宋〕蘇軾撰；〔清〕王文誥輯注；孔凡禮點校：《蘇軾詩集》，頁1179。

手植數松今偃蓋，蒼髯白甲低瓊戶。
我來取酒醉先生，後車仍載胡琴女。
一聲冰鐵散巖谷[31]，海為瀾翻松為舞。
爾來心賞復何人，持節中郎醉無伍[32]。
獨臨斷岸呼日出。紅波碧巘相吞吐。
徑尋我語覓餘聲，拄杖彭鏗叩銅鼓。
長篇小字遠相寄，一唱三歎神凄楚。
江風海雨入牙頰，似聽石室胡琴語。
我今老病不出門，海山巖洞知何許。
門外桃花自開落，牀頭酒甕生塵土。
前年開閣放柳枝[33]，今年洗心歸佛祖。
夢中舊事時一笑，坐覺俯仰成今古。
願君不用刻此詩，東海桑田真旦暮[34]。

31　王文誥註：〔施註〕白樂天〈五絃彈歌〉：「鐵擊珊瑚一兩曲，冰瀉玉盤千萬聲。」參〔宋〕蘇軾撰；〔清〕王文誥輯注；孔凡禮點校：《蘇軾詩集》，頁1179。

32　王文誥註：〔王註次公曰〕此以言蔡景繁為使來海州也。蔡邕嘗為左中郎將。蔡景繁時漕淮南，故云持節中郎。參〔宋〕蘇軾撰；〔清〕王文誥輯注；孔凡禮點校：《蘇軾詩集》，頁1179。

33　王文誥註：〔王註〕白樂天〈不能忘情吟序〉：「樂天既老……素慘然立且拜……曰〈不能忘情吟〉。」參〔宋〕蘇軾撰；〔清〕王文誥輯注；孔凡禮點校：《蘇軾詩集》，頁1179-1180。

34　王文誥註：〔王註堯卿曰〕名承禧。與公同年登第。〔查註〕：撫州舊志蔡承禧，臨川人。嘉祐二年進士。〔合註〕《續通鑑長編》：元豐五年正月，蔡承禧由開封府推官出使淮南。〔施註〕東坡在黃，有〈答景繁帖〉云：「朐山臨海石室，信如所諭，前某嘗攜家一游。時有胡琴

此詩結構分四部分，釐清人、事、時、地、物。蘇軾以道「芙蓉仙人」為開始，繼而論海中石室的昔與今，及與自己（蘇軾）的關係，最後再加入蔡景繁與蘇軾、石室的關係綜合收尾，按時序而寫下來。以下我們對全詩內涵亦按此分解討論之。

　　關於芙蓉仙人與海中石室之過往的內涵部分如下。第一聯「芙蓉仙人（石曼卿也）舊遊處，蒼藤翠壁初無路」，芙蓉仙人石曼卿昔日海州是他仕宦之地，重點在「舊遊處」。芙蓉仙人（石曼卿）也成仙去了，人間只是他遊歷之地。不過此非一般之地，是跟他淵源最深之地。「舊」指成仙前，「遊」指逍遙遊，遊人間世。芙蓉仙人他來過，留下什麼？下面展現其不凡處，什麼最能展現其特別之能力，仙人最特殊的地方，無中生有。此地原是藤蔓與翠綠山壁，起初無人跡行走之路，此處原本無路可通。第二聯「戲將桃核裹黃泥，石間散擲如風雨」，石曼卿如作遊戲般，將桃核裹上黃泥。「戲」扣住「遊」，他非要自己去栽種，他是仙人是玩耍一樣，是用丟擲、隨意灑脫。在石間丟擲桃核，桃核如風雨般散佈各處。第三聯「坐令空山出錦繡，倚天照海花無數」，石曼卿這個作法，致使寂靜無人的山中，繁花盛

婢，就室中作〈濩索〉、〈涼州〉，凜然有冰車鐵馬之聲。婢去久矣」。景繁時為淮南轉運副使置司楚州，楚與海之朐山相對，一葦可航，景繁往游，既賦詩，坡為屬和。張志烈等註：元豐六年（1083）十月作於黃州。蔡景繁……嘉祐二年與軾同登進士第……熙寧中拜監察御史裏行。呂惠卿怙權任私，承禧面奏其罪……元豐五年正月，由開封府推官出為淮南轉運副使，置司楚州。東坡謫黃，實在部內。蔡拳拳慰藉，行部訪之。參〔宋〕蘇軾撰；〔清〕王文誥輯注；孔凡禮點校：《蘇軾詩集》，頁 1178。參張志烈等註：《蘇軾全集校注》，頁 2474-2475。

開，產生如錦繡般的美景。他使得空山改變，成繁花盛開的美景。又因有芙蓉仙人之事蹟，此地成名勝地，許多人來探訪。「出錦繡」，指開出許多美麗的花，「錦繡」表示成一幅精美的畫。這個山壁靠著天，面對大海無數繁花盛開。「天」，是藍天，也是自然。「海」是指海洋，使得天海自然本來美景，產生更多美景。花、海、天、蝶、蜂，在石室這裡是相互交織的。

　　第四聯「花間石室可容車，流蘇寶蓋窺靈宇」，花間有一個石室，可容下一輛車。蘇軾也是拉車來的，他以自己乘車來的車，換算花間石室大小，有即視感。帷帳上垂飾的流蘇與儀仗之傘蓋下，可以窺見寺廟。因石曼卿已成仙，後人將其神靈所在地變成廟宇，此地非簡陋裝點，而是以流蘇寶蓋將其裝潢修飾石造之廟宇。因有流蘇所以有窺探意，有的廟宇已破敗，此則不破敗，還是有如仙人在時讓人感到鮮活，就如仙人親臨並未遠走。第五聯「何年霹靂起神物，玉棺飛出王喬墓」，不知哪一年，突然之間出現神物玉棺。天神使玉棺飛出，王喬睡臥其中昇天為仙，其墳墓自然壟起。石曼卿也是如此成仙昇天，僅留一座墳墓。第六聯「當時醉臥動千日，至今石縫餘糟醋」，當時石曼卿也常「醉臥千日」，芙蓉仙人與劉元石一樣喜好飲酒，當時經常一醉千日。看著石曼卿的墓地，讓人疑惑他是否只是醉臥，至今石縫隙還留有酒糟與醋。言至今所居地石縫還留有糟醋，表示芙蓉仙人至今還像活著。王喬玉棺與劉元石醉臥動千日，兩則故事需連結。蘇軾之意思為石曼卿當時是大醉千日，並非死亡。仙人不死，只是天神認為其醉了就歸去別再遊玩。第七聯「仙人一去五十年，花老室空誰作主」，指石曼卿仙人一離開就五十年，當時他種的花已老，他的石室人去樓空。還有誰能來當花與石室之

主人，已無人做石室主人，而其所種桃花已長出滿山種子。「花老」，花非死而是已老。「室空」，仙人已不在石室已空。第八聯「手植數松今偃蓋，蒼髯白甲低瓊戶」，石曼卿親手種植的松樹，至今已生長茂盛，枝葉橫垂，大如傘蓋。此段對於環境更補足，仙人丟桃核長出滿山桃花。另他又在石室門前種松，為何撒滿山坡的是桃，門前所種是松。松樹蒼綠色鬚髯與白色松皮，低垂於如的門戶，（首句到此句，皆歌詠石曼卿），松柏有長壽之意。他是仙人其松非儒家松之用法，此強調松之仙氣，長壽之成分，論道家之松則不強調耐冷，「蒼髯白甲」表松已茂盛可以護門戶。此段形容芙蓉仙人何時來？做何事？何時去？去後此地有何變化。

　　關於芙蓉仙人、海中石室與蘇軾之過往的內涵部分如下。第九聯「我來取酒酹先生，後車仍載胡琴女」，蘇軾來此地取酒祭拜先生，後車仍載著家婢，她擅於彈奏胡琴。第十聯「一聲冰鐵散巖谷，海為瀾翻松為舞」，說明胡琴女之音樂聲散佈在山巖與山谷中。此地因有芙蓉仙人，使很多人來一覽仙人所在地，蘇軾在此地做兩件事。第一件是「我來取酒酹先生」，第二件是讓胡琴女彈奏胡琴。其實第二件事是蘇軾使之為也，故胡琴女其所彈之曲，也是蘇軾之意思。總的來說，上兩句「我來取酒祭先生」，有祭神如神在之意。申言之，蘇軾祭時，石曼卿也同在一起聽胡琴奏曲。其曲非隨意曲目而是有意為之，其樂曲使大海為此音樂波瀾翻滾，松樹也為之舞動，而桃花已落，只剩下大海與松樹。其曲是正音，很有氣勢，這也表示蘇軾很喜歡石曼卿。喜歡的根據為何？因石曼卿讀書通大略，非拘泥之人非只是死讀書，且其書法佳有藝術涵養。再者他雖好酒似不能論事，但論兵

無不當，所以胡琴女奏之音樂，符合其性格才華。松、海代表天地與之同歌，此處所有的景物，其實是精神之象徵。

最後，芙蓉仙人、海中石室，與蘇軾、蔡景繁之相互關係的內涵部分如下。第十一聯「爾來心賞復何人，持節中郎醉無伍」，從那時以來還有何人能讓他用心欣賞，蘇軾稱評鑑一個人以心為評判標準，他以有無節操（持節）鑑賞一個人是否好。「持節中郎醉無伍」，指蔡景繁以淮南轉運副使來海州，蔡景繁賞此美景，但對此美景卻苦於無伴侶可飲酒共賞。蘇軾「持節」，蔡景繁與石曼卿三人都「醉無伍」。三人中只有蔡景繁是持節中郎[35]，但是其實三人都「醉無伍」。為何三人能互賞？因為他們都能「持節」，都堅守節操不為世俗利益動搖。又蘇軾只欣賞持節之人，中郎符合其評判。第十二聯「獨臨斷岸呼日出，紅波碧巘相吞吐」，蔡景繁獨自臨江邊絕壁呼喚日出，此詩中人、事、時、地、物對應關係要釐清。蔡景繁「獨臨斷岸」，呼應「醉無伍」（「獨臨」與「醉無伍」），蔡景繁「先醉無伍」，再去「斷岸呼日出」。「呼日出」是呼喚朝日快出，不要躊躇。形容晨曦照耀大海，呈顯出紅色水波與綠色山峰互相吐納忽隱忽現。「碧巘」，指青巒翠峰，當青巒翠峰照在海水上，成為綠色水波。表面言紅波碧巘，其實是太陽與山巒映在水面，形成紅波綠波，水波湧動，像是互相吞吐。第十三聯「徑尋我語覓餘聲，拄杖彭鏗叩銅鼓」，這是蔡景繁尋找蘇軾在石室留下之餘聲，胡琴女與蘇軾之聲其實都是蘇軾之聲，因為胡琴女是蘇軾找

35　張志烈等解釋「持節中郎」言：古之出使者，持符節以為信。時蔡景繁以淮南轉運副使來海州，故以持節中郎稱之。參張志烈等註：《蘇軾全集校注》，頁 2478。

來的，胡琴女演奏的樂曲也是蘇軾的意思與想法。而蘇軾之聲音就是蔡景繁要尋找之聲，因其已離開，故曰「餘聲」。除蘇軾到海州石室之詩作，「餘聲」還包括胡琴女之琴聲，都是蔡景繁要尋的。蔡景繁除尋覓這些還有其他要尋覓之物，「徑尋我語覓餘聲，拄杖彭鏗叩銅鼓」：一個是去海州石室道路，要「徑尋」才能到海州石室，另一個是也尋找蘇軾當年到海州石室之二合之聲。「拄杖彭鏗叩銅鼓」描述拄拐杖發出彭鏗聲，如敲打銅鼓。這也比喻蔡景繁作的詩，音節之鏗鏘響亮。蔡景繁找到蘇軾的聲音，蔡景繁也要發出自己的聲音。「拄杖」句是以樂相見，蘇軾以胡琴女，蔡景繁以銅鼓。第十四聯「長篇小字遠相寄，一唱三嘆神淒楚」，蔡景繁把他長篇小字的詩作，從遙遠之地寄給蘇軾，也如蘇軾有奏曲也寫詩，同樣也寄給蔡景繁。此處表面和詩也還有各種呼應，那首詩一唱三歎，神情淒涼悲傷。原因在於他們都與道不同者為伍，但卻遺憾地因政治因素遠離，使知交不能為伍。為何「一唱三嘆」，因為皆心懷遺憾。此處談蘇軾在收到其作品，長篇小字之結果。第十五聯「江風海雨入牙頰，似聽石室胡琴語」，海州石室的「江風海雨」進入他的詩，讀其詩牙頰都有帶有「江風海雨」聲。前三段有「紅波綠波相吞吐」，所以蘇軾收到詩時也感到「江風海雨入牙頰」。說明好似聽到蘇軾前次旅遊時跟隨蘇軾的胡琴女，在石室演奏胡琴的曲調聲。「似聽石室胡琴語」，是因蔡景繁找到蘇軾當時石室胡琴語。蘇軾自己忘了，但是當時之感受以胡琴女的聲音留下來，而胡琴女之聲本質上代表即是蘇軾之聲。第十六聯「我今老病不出門，海山巖洞知何許」，他如今已經衰老生病不出門，「老病」一詞中老是自然，病是非自然的，蘇軾言今天因老病不出門，大海高山巖洞蘇

軾又哪裡知道。當時去的海州石室不知變什麼樣，以前蘇軾很虔誠帶胡琴女去參訪祭拜此地，而今自己老病無力了解海州石室。第十七聯「門外桃花自開落，牀頭酒甕生塵土」，蘇軾言自己眼前之景是門外的桃花自開又自落，蘇軾現在不能去海州石室，只能看家門前桃花自開落。蘇軾牀頭的酒甕已經很久未取酒飲用，也已佈滿塵土。「生塵土」，指酒甕布滿塵灰，言人未取酒致使酒甕生塵。床前之酒甕也已生塵土，蘇軾也是「醉無伍」。蘇軾在黃州也常喝酒，但為何他的床頭酒甕已生塵土，為何此時沒喝酒？一是因病才不喝（「我今老病不出門」），二是因沒有朋友，「醉無伍」。第十八聯「前年開閣放柳枝，今年洗心歸佛祖」，蘇軾前年開閣遣放當時隨他去海州石室的胡琴女。原因或許是蘇軾謫黃經濟困匱，一則養不起，二則不希望其跟隨自己受苦。說明蘇軾藉由反省思考，以前在其心上凡塵之事，今日已不再執著。因為此時已元豐五年他洗掉塵心，歸於佛祖教誨。第十九聯「夢中舊事時一笑，坐覺俯仰成今古」，蘇軾回憶以前載胡琴女遊石室事恍如一夢，這些舊事不時想起引發一笑。「舊事」，此言蘇軾過去海州石室訪仙之事。「時一笑」回想過去來海州石室訪仙事能一笑，為何能一笑？因蔡景繁的詩使他想起這些事。「坐覺俯仰成今古」指陳他坐在此地，感悟到俯仰之間已經成今古。一般認為時間客觀，但主觀時間可解構客觀時間。第二十聯「願君不用刻此詩，東海桑田真旦暮」，說明蘇軾希望蔡景繁不要刻這首詩，可能蔡景繁以前曾表示要刻印蘇軾之唱和詩，故蘇軾有此言。以前蘇軾不反對，現在蘇軾稱自己已歸心佛祖，心境不同，不願執著於將詩刻出來，但蘇軾此處用「願」字，表示蘇軾也未執著或勉強蔡景繁跟從己意。其中「東海桑

田」句，指旦暮之間世事就有巨大變化。「東海桑田」，即滄海桑田，是往事如夢一般。「真旦暮」是指實在有如旦暮般，無常、轉瞬變化，即「坐覺俯仰成今古」。因蘇軾覺得「坐覺俯仰成今古」，時間流逝快速，所以覺得「東海桑田真旦暮」。

二、松形、松音

(一) 枝葉

直接涉及松之枝葉描寫的有作於元豐六年的〈和蔡景繁海州石室〉。如前所言，蘇軾〈和蔡景繁海州石室〉中講的是芙蓉仙人所植之松，「手植數松今偃蓋，蒼髯白甲低瓊戶」。自然生長枝葉繁茂，具有道家的隱者清逸之形象，此時蘇軾固然言自己「今年洗心參佛祖」，但不妨害他對芙蓉仙人的虔敬。此外，間接涉及松之枝葉的還有蘇軾作於元豐四年十一月之〈伯父〈送先人下第歸蜀〉詩云：人稀野店休安枕，路入靈關穩跨驢。」安節將去，為誦此句，因以為韻，作小詩十四首送之·其十〉此詩作於謫黃晚期，俟命之松，相對於〈東坡八首〉為天養之境。此詩云：

> 我夢隨汝去，東阡松柏青。
> 卻入西州門，永愧北山靈[36]。

此詩題乃言，送家人落第還鄉；過去蘇軾伯父曾經送別蘇洵，是

---

[36] 參〔宋〕蘇軾撰；〔清〕王文誥輯注；孔凡禮點校：《蘇軾詩集》，頁1100。

時蘇軾也送別姪子。蘇洵與安節都個性較不拘，「人稀野店」亦能安枕熟睡，蘇軾以此為韻，意思在隱晦告訴安節「人稀野店」時住宿需當心。全詩之內涵如下。第一句「我夢隨汝去」，言蘇軾在夢中跟隨姪子回去，延承上面，扣題緊密，皆在討論睡夢之事。「我夢隨汝去」，即代表身不能隨行，身無法隨心所欲。第二句「東阡松柏青」，言蘇軾雖中舉，但想回家看父母、妻子之墓，皆不能如意。故夢魂隨姪子歸去家鄉。第三句「卻入西州路」，蘇軾言自己也像謝安之姪羊曇一樣，對於親人離去感到難過，為什麼活著父、母、妻住在華屋，死去卻住在荒涼野地。他已為你們感到可憐，蘇軾不但無法去看你們，他還住華廈，你們卻住在荒涼的地方。我無法跟你們在一起，每年清明都無法去，家鄉太遙遠無法前往祭拜。羊曇不去西州門之因是「生存華屋處，靈落歸山丘」。蘇軾之父、母、妻都離去，蘇軾自覺也像謝安之姪羊曇一樣，思念其親人。第四句「永愧北山靈」，蘇軾慚愧自己若不出仕歸隱終身，則無此今日遠離家鄉，無法祭拜之憾。蘇軾之「永愧」，不只是對地下之親人感愧，他還愧對「北山靈」。「北山靈」典故為南朝齊孔稚圭〈北山移文〉：「鍾山之英，草堂之靈」。（借用山神，諷周顒棄隱出仕。）張志烈等之《蘇軾全集註》解讀此處：「南朝齊周顒初隱於鍾山，後應詔出為海鹽令。稚滿出京，欲經過鍾山，故孔稚珪寫此文，借北山靈之口吻，諷刺周假隱居之虛偽面目，批評追求名利的士人……軾句謂己未隱居而感到慚愧」[37]。

---

[37]　參張志烈等註：《蘇軾全集校注》，頁2308。

（二）重量

　　誠如黃永武〈詩人看松樹〉所言：「松樹具有高大的形影，莊重的軀體，蒼老的斑文，搖曳的枝條，也具備『重』、『動』的客觀條件，所以它們命名的聲音相似。」蘇軾謫黃晚期寫松經常特別強調松樹高大莊重、不可移、為國家之棟樑的面向。如元豐五年〈弔徐德占并引〉中之「從來覓棟梁，未省傍籬藩」、「大廈若畏傾，萬牛何足言」。另外，作於元豐六年十二月〈生日，王郎以詩見慶，次其韻，并寄茶二十一片〉此詩作於謫黃晚期俟命之松，相對於〈東坡八首〉為天養之境。本詩論及松之重量，詩云：

> 〈折楊〉新曲萬人趨[38]，獨和先生〈于蔿于〉[39]。
> 但信櫝藏終自售，豈知盌脫本無樞[40]。
> 羯從冰叟來遊宦，肯伴臞仙亦號儒。

---

[38] 王文誥註：〔施註〕《莊子‧天地篇》：「大聲不入於俚耳，〈折楊〉、〈皇華〉，則嗑然而笑」。參〔宋〕蘇軾撰；〔清〕王文誥輯注；孔凡禮點校：《蘇軾詩集》，頁 1183。

[39] 王文誥註：〔施註〕《唐‧元德秀傳》：「玄宗酺五鳳樓下，命三百里縣令、刺史，各以聲樂集。河內太守輦優伎數百，環謫光麗。德秀時為魯山令，惟樂工數十人，聯袂歌〈于蔿于〉。〈于蔿于〉者德秀所為歌也。帝聞異之，歎曰：『賢人之言哉，河內人其塗炭乎』，乃黜河內，德秀益知名。」參〔宋〕蘇軾撰；〔清〕王文誥輯注；孔凡禮點校：《蘇軾詩集》，頁 1183。

[40] 盌脫：王註：〔施註〕唐張鷟《朝野僉載》：武后時，宮中謠曰：「把推侍御史，盌脫校書郎。」〔施註〕。參〔宋〕蘇軾撰；〔清〕王文誥輯注；孔凡禮點校：《蘇軾詩集》，頁 1183。

棠棣並為天下士，芙蓉曾到海邊郛[41]。

不嫌霧谷霾松柏，終恐虹梁荷棟桴[42]。

高論無窮如鋸屑，小詩有味似連珠。

感君生日遙稱壽，祝我餘年老不枯。

未辦報君青玉案，建溪新餅截雲腴[43]。

題意稱「生日，王郎以詩見慶，次其韻，并寄茶二十一片」，說明蘇軾生日，王適以詩相賀，蘇軾和詩回覆，此本詩創作動機。蘇軾和詩也餽贈禮物給王適。一般壽詩會注重長壽，然本詩重點非關注餘年，王適原意依照蘇軾本詩所論「感君生日遙稱壽，祝我餘年老不枯」，重點在「老不枯」，「枯」指生命力。王適詩中言「老」，足見此時蘇軾之年紀已頗大。但王適認為即便年紀大，但對國家社稷付出之精神不消亡。因在王郎詩中表現關心國

---

[41] 王文誥註：〔查註〕先生在湖州，有〈與王郎昆仲邀城觀荷花〉詩，詩句即指此事。參〔宋〕蘇軾撰；〔清〕王文誥輯注；孔凡禮點校：《蘇軾詩集》，頁 1183-1184。

[42] 王文誥註：〔王註厚曰〕桴，屈棟也。班固〈西都賦〉：「因瓌材而究奇，抗應龍之虹梁。列棼橑以布翼，荷棟桴而高驤」。班彪〈王命論〉亦云：「案杬之材，不荷棟梁之任」。參〔宋〕蘇軾撰；〔清〕王文誥輯注；孔凡禮點校：《蘇軾詩集》，頁 1184。

[43] 王文誥註：【誥案】王郎乃子由婿王子立也。張志烈等註：「元豐六年（1083）十二月作於黃州，坡公生日為是月十九日」。王郎：「名適（1055-1089），字子立，趙州臨城人。蘇轍壻。適秀而和，與弟遹，皆從蘇軾學，道日進，東南之士稱之。及軾得罪於吳興，親故驚散，獨適兄弟不去左右，送之南郊」。見《欒城集》卷 12、13。參〔宋〕蘇軾撰；〔清〕王文誥輯注；孔凡禮點校：《蘇軾詩集》，頁 1183；參張志烈等註：《蘇軾全集校注》，頁 2492。

家社稷，蘇軾認為他是國家希望，要擔待重大責任，顯見蘇軾對王適期望很深。

　　全詩之內涵如下。第一聯「〈折楊〉新曲萬人趨，獨和先生〈于蒍于〉」，「萬」與「一」相對，萬眾都去追求流行通俗的〈折楊〉新曲，蘇軾卻獨和之。因王適的作品如元德秀在玄宗面前演奏的〈于蒍于〉，與眾不同，其中表達對生民痛苦的關懷。第二聯「但信櫝藏終自售，豈知盌脫本無樞」，蘇軾本來相信王適能如孔子所說的美玉在櫝中，始終是要自售美才。而「豈知盌脫本無樞」，是指哪知朝廷選材授官擇取標準浮濫，官員濫竽充數者眾多。暗示因為選材標準，致使現在官員素質不佳。第三聯「羨從冰叟來遊宦，肯伴臞仙亦號儒」，言王適去追隨蘇轍遊宦，你們翁婿如冰清玉潤，兩人之品德與人品皆高尚，使人讚嘆羨慕。又「肯伴臞仙亦號儒」，是指王適你願意跟隨我這樣「臞仙」般地清瘦老人，你也堪稱為儒士。意指王適在此汙濁環境中仍願意出來具有道德使命，非只是怨嘆而無作為，王適知官場仕途險惡，仍願意以身犯險。第四聯「棠棣並為天下士，芙蓉曾到海邊郛」，你們王氏兄弟如《詩經·棠棣》兄弟親睦，兩人之人品如魯仲連般英勇睿智，高風亮節，是天下人推重之士人。又「芙蓉曾到海邊郛」，是指你兄弟曾到湖州訪我，我們曾在大城中共賞水邊荷花。另此暗喻王適兄弟與蘇軾等皆為出淤泥而不染之人。第五聯「不嫌霧谷霾松柏，終恐虹梁荷棟桴」，我從不嫌棄深谷霧霾遮蔽松柏，從不擔心松柏因生長深谷不被看見。「終恐虹梁荷棟桴」，怕是要由王適你這優秀人才，來承擔此國家重任。第六聯「高論無窮如鋸屑」，王適之才華可由以下兩事證明，其高論源源不絕，如鋸木時噴湧而出。此亦表示其才華能力

無窮，王適才華有事實可徵。第十二句「小詩有味似連珠」，去
看此人小詩，即可驗證其才。王適小詩有連環比喻，需才高者才
能作此類詩，表其才華洋溢。第七聯「感君生日遙稱壽」，因蘇
軾在黃，故其僅能遙遠以詩寄送其道賀之情。第十四句「祝我餘
年老不枯」，王適祝蘇軾「老不枯」表示其期待與祝願，亦表蘇
軾此時仍勇敢健壯，不氣餒。第八聯「未辦報君青玉案，建溪新
餅截雲腴」，蘇軾言雖未將禮物盛在青玉案以示慎重。第十六句
「建溪新餅截雲腴」，他特地將建溪之新餅茶截二十一塊贈送於
王適。

（三）寒影

　　蘇軾論及松之寒影（松樹之身影）的部分有：作於元豐四年
十二月之〈記夢回文二首，并敘‧其一〉以及作於元豐六年十二
月之〈生日，王郎以詩見慶，次其韻，并寄茶二十一片〉。從蘇
軾後一首詩言松之寒影的詩句「不嫌霧谷霾松柏」，濃霧深谷不
能掩蓋住蒼松之參天之材，可知此乃比喻居處之環境無論如何幽
深，無礙於才華的光芒展露。而前一首詩論松之寒影則帶有清雅
之美的詩人想像。而前面第一首之〈記夢回文二首‧并敘〉，其
敘云：「十二月二十五日，大雪始晴。夢人以雪水烹小團茶，使
美人歌以飲。余夢中為作回文詩，覺而記其一句云『亂點餘花唾
碧衫』。意用飛燕唾花故事也。乃續之，為二絕句云」[44]。此詩
之意如下：「十二月二十五日，大雪始晴」，乃說明十二月二十
五日，連日大雪才轉晴，心情愉快。因晴天之太陽照雪使融，雪

---

[44]　參〔宋〕蘇軾撰；〔清〕王文誥輯注；孔凡禮點校：《蘇軾詩集》，頁
1102-1103。

水可以烹茶，故而夢到雪水烹茶。推想蘇軾可能雪霽在有庭院之房中睡覺，房外之庭院中有松樹、岩石等景色，故而做此夢。以雪融而想及泡茶，而夢中出現之美人與唱歌飲茶等，為其想像。「夢人以雪水烹煮小團茶，使美人歌以飲」句，言蘇軾夢見有人以雪水烹煮小團茶，讓美人唱歌後飲用。有人以雪煮茶。讓美人唱歌後飲用，「歌以飲」，蘇軾則作詩，每人都在此表現才藝。美人唱歌很美妙，泡茶手藝精湛，在美人唱完，奉上精心用雪水泡製的茶，一切都非常美。「余夢中為作回文詩，覺而記其一句云：『亂點餘花唾碧衫』。意用飛燕唾花故事也。乃續之，為二絕句云」，蘇軾夢中為此事作回文詩，醒來記得其中一句：「亂點餘花唾碧衫」，這是使用趙飛燕唾花故事。後續寫其他詩句，完成兩首絕句。此詩云：

> 酡顏玉碗捧纖纖，亂點余花唾碧衫[45]。
> 歌咽水雲凝靜院，夢驚松雪落空巖[46]。

全詩之內涵如下。第一、第二句「酡顏玉碗捧纖纖，亂點餘花唾碧衫」，蘇軾憶夢中美人酒後臉上泛著紅暈，她舉起纖細玉手，捧著玉製的精美的碗。美人已唱完歌，小童於一旁煮茶，蘇東坡

---

[45] 王文誥註：〔王註〕〈趙飛燕外傳〉：「后與其妹俕伃坐，后娛唾俕伃袖。俕伃曰：「『姊唾染人紺裏，正似石上花，假令尚方為之，未能如此衣之華』」。參〔宋〕蘇軾撰；〔清〕王文誥輯注；孔凡禮點校：《蘇軾詩集》，頁1103。

[46] 參〔宋〕蘇軾撰；〔清〕王文誥輯注；孔凡禮點校：《蘇軾詩集》，頁1102-1103。

（使小童）獻上珍貴小團龍茶，美人臉上有自然的紅暈，纖纖玉手捧玉盌飲用此茶。碗裡茶水濺出落在衣上，隨意灑落在碧色衣衫上，像趙飛燕唾花般美。茶水為何不小心濺到美人所穿碧衫上，此須分析美人心意和狀態，為何美人會不小心濺茶水？美人人美藝佳，蘇被撩動。而美人也被蘇軾撩動，女性亦會受到美好之事物吸引，蘇軾於美人盡興歌後，有人奉上剛泡好之茶，此茶又是很風雅之烹煮，是以潔淨雪水烹成，其巧思與用心使美人之情亦受撩撥而心動，而蘇軾則作詩歌詠其情境。此外，美人吸引蘇軾，蘇軾欣賞美人，更重內質，美人很注重內在才華之修練。佳人唱的好，因其重視技術之精進，此由其表演可得知。第三句「歌咽水雲凝靜院」，闡釋美人歌聲如行雲流水，當其曲聲結束，使得院落的氛圍也同時凝結在寧靜美好的結尾這一刻裡。第四句「夢驚松雪落空巖」，指蘇軾夢中突然被驚醒，原來是松樹上的雪，落到空巖中。美人非僅喝茶就作罷，蘇軾還為此做詩。「夢驚松雪落空巖」，因松上之雪就落在空的山巖，蘇軾因而驚醒。全詩流程如下：雪霽遇晴，蘇軾集雪水留用，有美人唱歌，待其歌罷，有人奉上精心所泡之茶，蘇並做詩贈美人。然在此美好時刻，忽有聲音，是松雪落下之聲，「夢驚松雪落空巖」，蘇軾因為松雪落空巖之聲，因而驚醒，美人、歌、茶都是夢，夢中還作詩，蘇軾醒後僅憶得夢中詩之一句，事後蘇軾補上另三句，夢中情境令其回味不已，因而作此詩。整體夢之情境是因雪融，所以蘇軾產生以雪泡茶之想法，就在夢中作此以雪水煮茶之夢。「夢驚松雪落空巖」，亦為松之身影之一，詩中帶有清雅之美的詩人想像。松樹身影，或似於清雅美人。

（四）松身軀幹

關涉松身軀幹比興意義的有作於元豐七年之〈岐亭五首·并敘·其五〉，此詩序云：

> 元豐三年正月，余始謫黃州。至岐亭北二十五里山上，有白馬青蓋來迎者，則余故人陳慥季常也，為留五日，賦詩一篇而去。明年正月，復往見之，季常使人勞余於中途。余久不殺，恐季常之為余殺也，則以前韻作詩，為殺戒以遺季常。季常自爾不復殺，而岐亭之人多化之，有不食肉者。其後數往見之，往必作詩，詩必以前韻。凡余在黃四年，三往見季常，而季常七來見余，蓋相從百餘日也。七年四月，余量移汝州，自江淮徂洛，送者皆止慈湖，而季常獨至九江。乃復用前韻，通為五篇以贈之[47]。

由「元豐三年正月，余始謫黃州……凡余在黃四年，三往見季常，而季常七來見余，蓋相從百餘日也」，可見蘇軾與陳季常在黃州來往頻繁。蘇軾剛到黃州，兩人第一次在黃州相見，因第一次較隆重，此時陳季常是「白馬青蓋來迎」，很慎重其事。其實此時陳季常家徒四壁（參閱蘇軾〈方山子傳〉）[48]，但他很重視蘇軾。而此時蘇軾剛從御史臺大獄中脫離，經歷「驚魂湯火命如

---

[47] 參〔宋〕蘇軾撰；〔清〕王文誥輯注；孔凡禮點校：《蘇軾詩集》，頁1203-1204。

[48] 參〔宋〕蘇軾撰；孔凡禮點校：《蘇軾文集》（北京：中華書局，1996），頁420。

雞」[49]的驚惶，他看殺生，感同身受，會引起不適感、恐怖感。
陳季常也知蘇軾之經歷，雖非親身經受，但他理解蘇東坡，故他
能配合，並守殺戒。詩云：

> 枯松強鑽膏，槁竹欲瀝汁[50]。兩窮相值遇，相哀莫相濕。
> 不知我與君，交遊竟何得。心法幸相語，頭然未為急。
> 願為芽雲鵑，莫作將雛鴨。我行及初夏，煮酒映疏幕。
> 故鄉在何許，西望千山赤[51]。茲遊定安歸，東泛萬頃白。
> 一歡寧復再，起舞花墮幘。將行出苦語，不用兒女泣。
> 吾非固多矣，君豈無一缺。各念別時言，閉戶謝眾客。
> 空堂淨掃地，虛白道所集[52]。

全詩之內涵如下。第一聯「枯松強鑽膏，槁竹欲瀝汁」，松樹活
著時，枝幹有膏脂。樹枯則膏脂乾絕。而「槁竹欲瀝汁」，是指
鮮竹有汁液，竹枯槁則無竹汁。二句謂自己與陳慥皆老邁貧窮，
如枯松槁竹。重點在兩窮，「強鑽膏」等是使其窮困之因。蘇軾

---

[49] 〔宋〕蘇軾撰，孔凡禮點校：《蘇軾文集》（北京：中華書局，1996
年第 4 次印行），頁 420-421。

[50] 王文誥曰：「此詩本年（元豐七年）四月作於九江。季常辭歸，公即與
參寥廬山」。參〔宋〕蘇軾撰；〔清〕王文誥輯注；孔凡禮點校：《蘇
軾詩集》，頁 1209。

[51] 杜甫〈光祿坂行〉：「山行落日下絕壁，西望千山萬山赤」。〔唐〕杜
甫撰，《杜甫詩集》，719。

[52] 張志烈等註：虛白，謂心空無欲。《莊子‧人間世》：「虛室生白，吉
祥止止。」司馬彪注：「心能空虛，則純白獨生也」。參張志烈等註：
《蘇軾全集校注》，頁 2537。

與陳季常他兩人是松、竹，即便有堅毅本質，也禁不起，已是「枯」之松、竹，「強」去鑽膏與瀝汁，還要壓榨出膏汁。「強」與「欲」，是顯性表示受到的壓迫，在蘇詩中比較看不出「強」與「欲」的迫害性，但隱隱是有破壞性的。第二聯「兩窮相值遇，相哀莫相濕」，他們倆都是在窮途中而正好相遇。此句言有志不得申，固有自憐意，但其憐與哀是放在志不得伸之事，故「相哀」非意指一般意義地互相自憐利祿之得失。而「相哀莫相濕」，是指雖相哀而莫能相助。相濕，則就過分自憐，不符於中庸之道。第三聯「不知我與君，交遊竟何得」，不知我們彼此相互交往，能使對方有何寶貴的事物可獲得。第四聯「心法幸相語，頭然未為急」，蘇軾言佛教的心法為最上乘之智慧，慶幸他與陳季常彼此互相分享此事，即使頭著火燃燒，都不如此事急迫。這裡「窮」與「得」對舉，彼此是有如松與竹般之有節有守者，非想得利益，是一種情志之得。第五聯「願為穿雲鶻，莫作將雛鴨」，乃說明蘇軾希願彼此作為善飛之穿雲鶻，告誡陳季常勿滿足於作跟隨他者的雛鴨。表面蘇軾要被量移汝洲，蘇軾此時是被調任，然他非為名而去，其所想者是心志得發展，其有鴻鵠之志。「將雛鴨」，指雛鴨破蛋後跟隨第一眼見到之人，勸其莫作將雛鴨。此詩中有苦言，即後面所言之事（「心法相語」），指殺戒與勉其志向遠大。故說期勉彼此「願為穿雲鶻」，要陳季常莫自足於仿效自己。第六聯「我行及初夏，煮酒映疏幕」，蘇軾言自己即將在初夏動身，離開黃州。而「煮酒映疏幕」，是指其說與季常你將在四月分別於九江，屆時將互訴衷情，將有煮酒送別之情景，映照疏帘。「煮酒映疏幕」指在屋中，非戶外。第七聯「故鄉在何許，西望千山赤」，蘇軾自問其故鄉在何處？面

向西邊遙望家鄉方向，只看到千山赤紅。他離開黃州將往他處任職處，非歸家鄉，其故鄉在四川，在黃州西邊。西山為何赤？乃因夕陽西下。第八聯「茲遊定安歸，東泛萬頃白」，此次出遊（可能指到汝州），定能平安歸來（指回歸家鄉四川眉州眉山）。蘇軾稱自己到東邊的泛舟而遊，可觀賞萬頃的波浪湧起白浪。蘇軾在黃州，活動時間多有夜間行動到天將明。在「東泛萬頃白」，在天要亮時說此遊定安歸，對蘇軾而言，任官只是遊而已，他終將歸故鄉。第九聯「一歡寧復再，起舞花墮幘」，指短暫歡樂，難道可在得？蘇軾言我們歡聚時刻，非必指此送別詩，過去的回憶，我們有很多美好的時刻。短暫的歡樂，哪裡可以再得。「起舞花墮幘」，蘇軾起身跳舞，花落在他包裹頭髮的頭巾之上。第十聯「將行出苦語，不用兒女泣」，蘇軾他將離別黃州前，對陳季常表達逆耳之忠言。蘇軾又指其與陳季常之友情，言非如一般兒女私情，不必因離別而哭泣。第十一聯「吾非固多矣，君豈無一缺」，蘇軾自言自己固然有很多缺失，陳季常你難道無一點缺失。蘇軾旨要在提醒友人反省自察自我之缺失，莫過於自滿。第十二聯「各念別時言，閉戶謝眾客」，他們各自念著分別時的話，蘇軾提醒陳季常當謝絕應酬之客。第十三聯「空堂淨掃地，虛白道所集」，原因在於空曠的房子方能淨掃其地，而不記掛名利世的虛靈心，它自能有明覺之光，以集大道。

　　此詩蘇軾將友人與己比喻為松竹，兩人有堅毅本質卻被環境所壓迫，要強鑽膏與強搾之出汗，兩人是在「窮」途中而正好相遇，蘇軾希望兩人仍能不忘其志。「兩窮」言兩人此時之窮為有志不得申，「相哀」是關注志不得伸之事，非世俗意之利祿得失。雖相哀而莫能相助。但不「相濕」，不過度自憐，以於中庸

之道。

（五）清音

　　蘇軾對於松濤之清音，在謫黃晚期元豐五年秋作有〈夜坐與邁聯句〉，詩云：

> 清風來無邊，明月翳復吐。松聲滿虛空，竹影侵半戶。
> 暗枝有驚鵲，壞壁鳴飢鼠。露葉耿高梧，風螢落空廡。
> 微涼感團扇，古意歌白紵。樂哉今夕遊，復此陪杖屨。
> 傳家詩律細，已自過宗武。短詩膝上成，聊以慰懷祖[53]。

全詩之內涵如下。第一聯「清風來無邊，明月翳復吐」，說明清涼的風像是沒有邊際的從四方吹拂而來，而皎潔明月被遮蔽又顯露出來，此處之清風與月無法確認是何季節。第二聯「松聲滿虛空，竹影侵半戶」，指出松濤聲充滿天地之中，竹影深深照進門內。此二句有松也有竹，松竹各有代表，松表耐寒、竹表有節。住處有松竹，竹近屋才可以侵半戶。第三聯「暗枝有驚鵲，壞壁鳴飢鼠」，描寫昏暗的樹枝上有受驚的烏鵲棲息在上。（如無處棲身的人，無所依靠），壞損的牆壁中有飢餓老鼠鳴叫。「暗枝」，在昏暗之中，如喻朝局昏暗不明，鵲鳥停在一個枝頭上，但是其實昏暗明亮是不確定的，所以以是驚鵲。而「壞壁鳴飢鼠」，則暗喻國家的處境如壞壁，而尸位素餐、在其位不謀其政者如飢鼠般欲望無窮，啃食國本。第四聯「露葉耿高梧，風螢落

53　參〔宋〕蘇軾撰；〔清〕王文誥輯注；孔凡禮點校：《蘇軾詩集》，頁1125-1126。

空廡」，說明沾滿秋天的露水的葉，是剛直不阿的梧桐樹。風中的螢火蟲飄落，休憩在空寂廳堂兩側的廂房。第五聯「微涼感團扇，古意歌白紵」，指這時天氣轉涼微微的寒意，使人有感於班婕妤的〈團扇詩〉，因時節過了扇子就被遺棄。「古意歌白紵」，蘇軾發思古之情，使人唱起《樂府詩》吳舞曲〈白紵之歌〉。「明月翳復吐」、「露」、「梧桐」、「月」皆有秋天之意，詩中有松聲、竹影，松竹在歲寒後凋，松竹能夠耐寒挺過寒冷。第六聯「樂哉今夕遊，復此陪杖屨」，蘇軾表述今晚之遊非常快樂，因其又有陪伴他拄杖漫步的兒子。第七聯「傳家詩律細，已自過<u>宗武</u>」，蘇軾指出詩是其家傳的事業，對於詩的格律要求精嚴，其子邁兒的創作水準已經超杜甫的兒子杜宗武。蘇軾表面言詩律，其實是傳他家自身的嚴明家教、身教。第八聯「短詩膝上成，聊以慰<u>懷祖</u>」，蘇軾說明其子短小詩篇在膝上即刻而成，此事聊堪告慰自己，正如王羲之與懷祖的故事。

　　相較於蘇軾謫黃早期元豐三年二月的〈定惠院寓居月夜偶出〉詩云：「自知醉耳愛松風，會揀霜林結茅舍。浮浮大甑長炊玉，溜溜小槽如壓蔗。飲中真味老更濃，醉裏狂言醒可怕。但當謝客對妻子，倒冠落佩從嘲罵」[54]，松濤表現出隱逸的面向（自言要居住在「會揀霜林結茅舍」之山林）。謫黃晚期之「松聲滿虛空，竹影侵半戶」，表現了松樹有堅忍耐寒的特質，蘇軾用來比喻自己的堅毅耐苦，具有君子人格。而竹影侵戶，竹影近人，竹子有節且能耐寒，比喻蘇軾遇到困境仍能更堅持有節操不屈

54　參〔宋〕蘇軾撰；〔清〕王文誥輯注；孔凡禮點校：《蘇軾詩集》，頁1033。

服。其次，「暗枝有驚鵲，壞壁鳴飢鼠」中，「驚鵲」是驚魂未
定，無枝可依靠，驚悸之餘的蘇軾的心境。蘇軾雖然堅忍有節
操，但是面對烏臺詩案的政治迫害仍然有陰影。驚鵲之「驚」正
是其〈卜算子〉詞的描寫「驚起卻回頭」之孤鴻[55]，壞壁之境與
飢鼠之飢，也是蘇軾艱困處境的寫照。不過本詩結尾「傳家詩律
細，已自過宗武」、「短詩膝上成，聊以慰懷祖」，落入正面的
態度對兒子的讚譽，歡喜之情使詩的情調轉為明朗。另外「短詩
膝上成，聊以慰懷祖」，此亦可視為松聲的雅正之音於後代有傳
承之意，可說是呼應謫黃早期元豐三年蘇軾〈萬松亭・并敘〉之
「縣令若同倉庾氏，亭松應長子孫枝」，德行相傳之事。

第四節　結　論

　　本篇論文探討蘇軾謫黃時期（元豐二年底至元豐七年）間之
詠松詩，分別從植松、松形、松音等幾大特質，逐步析論蘇軾詠
松詩的意涵之兩層次之心靈境界的轉變：由早期的修身之松到晚
期的俟命之松，並透過上述討論證明蘇軾之思想乃出入佛老而歸
於儒。首先關於植松部分，蘇軾詠松詩對儒道二家的目的性描寫
明顯有差異。有儒家意象之植松處，在黃州早期之〈萬松亭・并
序〉序有言：「麻城縣令張毅，植萬松於道周，以芘行者，且以
名其亭」[56]。而晚期〈弔徐德占，并引〉云：「美人種松柏，欲

55　〔宋〕蘇軾撰；傅幹注；劉尚榮校證：《東坡詞傅幹注校證》（上海：
　　上海古籍出版社，2016），頁418。

56　參〔宋〕蘇軾撰；〔清〕王文誥輯注；孔凡禮點校：《蘇軾詩集》，頁
　　1027。

使低映門」[57]，此處植松者目的皆在藉由德行來庇蔭守護家門、人民。而有道家意象之植松有黃州早期之〈戲作種松〉云：「我昔少年日，種松滿東岡」[58]，蘇軾自言植松目的在獲得茯苓、松脂，如「我欲食其膏，已伐百本桑」[59]、「縱未得茯苓，且當拾流肪」[60]。亦有晚期之〈和蔡景繁海州石室〉云：「手植數松今偃蓋，蒼髯白甲低瓊戶」[61]，描寫芙蓉仙人石曼卿親植松樹，栽種松樹在道家的意象中，無論是松樹長成其枝葉茂盛耐霜長青，還是長成後伐松食其松膏或茯苓使食者得而延年，其實最終都取松樹象徵長壽之意。然須注意在這兩首詩中，蘇軾〈戲作種松〉雖似欲仙隱，然卻又說「卻後五百年」要騎鶴「還故鄉」[62]，顯然縱使五百年後故鄉即便人事已非，蘇軾他仍不能不牽掛留念；而〈和蔡景繁海州石室〉雖「今年洗心參佛祖」[63]，然又說「爾

57　參〔宋〕蘇軾撰；〔清〕王文誥輯注；孔凡禮點校：《蘇軾詩集》，頁1134-1135。

58　參〔宋〕蘇軾撰；〔清〕王文誥輯注；孔凡禮點校：《蘇軾詩集》，頁1027-1028。

59　參〔宋〕蘇軾撰；〔清〕王文誥輯注；孔凡禮點校：《蘇軾詩集》，頁1027。

60　參〔宋〕蘇軾撰；〔清〕王文誥輯注；孔凡禮點校：《蘇軾詩集》，頁1027。

61　參〔宋〕蘇軾撰；〔清〕王文誥輯注；孔凡禮點校：《蘇軾詩集》，頁1080。

62　參〔宋〕蘇軾撰；〔清〕王文誥輯注；孔凡禮點校：《蘇軾詩集》，頁1028。

63　參〔宋〕蘇軾撰；〔清〕王文誥輯注；孔凡禮點校：《蘇軾詩集》，頁1080。

來心賞復何人，持節中郎醉無伍」[64]表其不忘與古今聖賢為伍。

　　其次，關於松形部分，蘇軾詠松詩分別就：松樹之軀幹之形貌與重量、松樹之枝葉與清風吹動松葉之聲音有其不同體悟。其中固然有似是相關於道家意象之松書寫，如謫黃早期之〈定惠院寓居月夜偶出〉云：「自知醉耳愛松風，會揀霜林結茅舍」[65]，言松之清音寒影。黃永武指出：「清高出俗是松樹出世的一面」[66]、「松的清音寒影，具有幽人隱逸的風儀」[67]。但透過本文對蘇軾松書寫的研究可發現，清音寒影於蘇軾言亦可是蓄勢待發的沉潛，等待入世間的，故〈定惠院寓居月夜偶出〉有：「竹露無聲浩如瀉」[68]。又謫黃晚期蘇軾〈生日，王郎以詩見慶，次其韻，并寄茶二十一片〉云：「不嫌霧谷羃松柏」[69]，他認為經世之才不會被幽深之地所埋沒掩藏。蘇軾謫黃晚期還特別喜言松作為棟樑之材，肩負家國重任，其莊重性難以被撼動，如〈弔徐德占，并引〉云：「大廈若果傾，萬牛何足言」[70]。《孟子·盡心》篇曰：「盡其心者，知其性也。知其性，則知天矣。存其

---

[64]　參〔宋〕蘇軾撰；〔清〕王文誥輯注；孔凡禮點校：《蘇軾詩集》，頁1079。

[65]

[66]　黃永武：《中國詩學·思想篇》，頁46。

[67]　黃永武：《中國詩學·思想篇》，頁46。

[68]　參〔宋〕蘇軾撰；〔清〕王文誥輯注；孔凡禮點校：《蘇軾詩集》，頁1033。

[69]　參〔宋〕蘇軾撰；〔清〕王文誥輯注；孔凡禮點校：《蘇軾詩集》，頁1084。

[70]　參〔宋〕蘇軾撰；〔清〕王文誥輯注；孔凡禮點校：《蘇軾詩集》，頁1034。

心，養其性，所以事天也。殀壽不貳，修身以俟之，所以立命也」[71]。

　　蘇軾謫黃早期，對天命的體悟尚停留在如〈東坡八首・其一〉詩中「獨有孤旅人，天窮無所逃」[72]、〈萬松亭・并敘〉詩中「天公不救斧斤厄」[73]階段，此時他之松詩書寫於屬於「修身之松」的精神境界，透過自省其非，以法松之後凋於歲寒之德；全謫黃晚期他已進至〈東坡八首・其五〉詩中：「良農惜地力，幸此十年荒」[74]、「再拜謝苦言，得飽不敢忘」[75]。此與〈弔徐德占・并引〉云：「不然老巖壑，合抱枝生孫」[76]、〈孔毅父以詩戒飲酒，問買田，且乞墨竹，次其韻〉云：「君家長松十畝陰，借我一庵聊洗心」[77]之能知天不窮、天養階段，屬於「俟命之松」的精神境界。蘇軾謫黃之松由修身而俟命安命的兩階段，皆表現其如何出入佛老而歸於儒這一共同方向，這也是蘇軾超越

---

[71]　參〔宋〕朱熹：《孟子集注》《四書章句集註》（臺北：藝文印書館，1980），卷 13，頁 1。

[72]　參閱〔宋〕蘇軾撰；〔清〕王文誥輯注；孔凡禮點校：《蘇軾詩集》，頁 1079。

[73]　參〔宋〕蘇軾撰；〔清〕王文誥輯注；孔凡禮點校：《蘇軾詩集》，頁 1027。

[74]　參〔宋〕蘇軾撰；〔清〕王文誥輯注；孔凡禮點校：《蘇軾詩集》，頁 1081。

[75]　參〔宋〕蘇軾撰；〔清〕王文誥輯注；孔凡禮點校：《蘇軾詩集》，頁 1081。

[76]　參〔宋〕蘇軾撰；〔清〕王文誥輯注；孔凡禮點校：《蘇軾詩集》，頁 1136。

[77]　參〔宋〕蘇軾撰；〔清〕王文誥輯注；孔凡禮點校：《蘇軾詩集》，頁 1075。

現實利害，於艱困處境之中挺立道德自我以成己、成物之豐富充沛的生命力的具體展現。

第五章
蘇軾謫黃時期之精神境界
──以舟之意象爲論

第一節　前　言

　　元豐二年蘇軾由於評議熙寧變法，經歷烏臺詩案後被貶謫黃州[1]。謫黃時期爲其政治失意之時，卻也是其創作之豐收期。蘇轍〈東坡先生墓誌銘〉謂：「謫居於黃，杜門深居，馳騁翰墨，其文一變，如川之方至，而轍瞠然不能及矣」[2]，蘇轍稱其謫黃後「杜門深居」。政治之挫敗，使其沉潛心境，重新省視自我，此時蘇軾創作風格有大轉變。蘇軾傳世之〈前赤壁賦〉、〈後赤壁賦〉與〈念奴嬌‧赤壁懷古〉等三篇作品即爲此時之傑作。此三篇文章寫作時間相近，皆以赤壁爲背景，內涵相映成趣。歷來對此三篇文章分別或綜合之討論眾多[3]，而此三篇中多次出現舟

---

[1]　蘇軾在謫黃州之起迄時間，起於元豐三年（二月抵達黃州），迄於元豐七年四月。

[2]　參〔宋〕蘇轍撰：《蘇轍集》（北京：中華書局，1990 年），頁1117。

[3]　有關這些作品之評論，自宋至今皆有評者，參閱曾棗莊《蘇文彙評》、

足堪玩味。本文嘗試探討此三篇作品中舟之意象,以此探究蘇軾赤壁書寫之託寓意義。欲解讀蘇軾赤壁書寫之三篇作品之中舟的意義,需先釐清其寫作背景之相關問題。以下就此三篇作品產生之原因、創作時間、同遊赤壁之客、赤壁地緣特殊性等問題,分述如下。

　　蘇軾之赤壁書寫有其歷史因緣,元豐三年二月抵貶所,他因而有多次遊歷赤壁之機緣。元豐五年為蘇軾貶謫黃州之第三年,其與友人同遊赤壁,作〈前赤壁賦〉、〈念奴嬌·赤壁懷古〉、〈後赤壁賦〉等三篇作品,三篇題材都是赤壁記遊之所思所感。三篇之寫作時間點分別為:〈前赤壁賦〉作於元豐五年七月十六,〈念奴嬌·赤壁懷古〉作於七月⁴,〈後赤壁賦〉作於元豐

《蘇詞彙評》等書。

4　〈念奴嬌·赤壁懷古〉寫作時間有二說,元豐五年七月(傅藻《紀年錄》)與元豐四年十月(王文誥《總案》)。據傅藻《東坡紀年錄》記載〈念奴嬌·赤壁懷古〉為七月作,為〈前赤壁賦〉之後所作。傅藻《東坡紀年錄》:「(元豐五年壬戌)既望,泛舟於赤壁之下作〈赤壁賦〉,又懷古,作〈念奴嬌·赤壁懷古〉」。孔凡禮《年譜》有記傅藻之論;曾棗莊等編《蘇詞彙評》亦錄傅藻之論。又鄒同慶、王宗堂等之《蘇軾詞編年校註》亦定此詞作於元豐五年壬戌(1082 年)七月,皆認同傅藻《東坡紀年錄》。另外又引王文誥《蘇詩總案》卷二一:「元豐四年辛酉(1081 年),十月,赤壁懷古作〈念奴嬌〉詞」。鄒等補案:「《紀年錄》與《總案》編年不一,皆無具體考證,朱本、龍本、曹本並從《紀年錄》。今一〈赤壁賦〉與《紀年錄》亦編元豐五年七月」。(朱本、龍本、曹本指朱祖謀《彊村叢書》本《東坡樂府》三卷、龍榆生《東坡樂府箋》三卷、曹樹銘校編《東坡詞》三卷)。參閱孔凡禮撰:《蘇軾年譜》(北京:中華書局,1998 年),卷 21,頁 545。曾棗莊、曾莊編著:《蘇詞彙評》(臺北:文史哲出版社,1998 年),頁 43。鄒同慶、王宗堂等著:《蘇軾詞編年校註》(北京:中

五年十月十六。

　　關於同遊赤壁之客的問題，〈赤壁賦〉、〈後赤壁賦〉直接標舉有客存在，孔凡禮《東坡年譜》引《蘇軾詩集》〈次韻孔毅父久旱已而甚雨三首·其三〉：「楊生自言識音律，洞簫入手清且哀」句[5]，標註楊生乃楊世昌道士。孔凡禮認為〈前赤壁賦〉「客有吹洞簫者」[6]，其客，或即楊世昌[7]。而〈後赤壁賦〉在孔凡禮《東坡年譜》說從遊者有道士楊世昌。孔凡禮引《佚文彙編·帖贈楊世昌》敘從遊[8]。不過蘇軾〈後赤壁賦〉中道士是夢中所見，隨他而遊的二客在〈後赤壁賦〉中並未表明是誰，但應該不是道士[9]。

　　在〈前赤壁賦〉、〈念奴嬌·赤壁懷古〉、〈後赤壁賦〉三篇赤壁書寫中，赤壁一地有何特殊性？為何蘇軾多次於此懷古抒懷。赤壁一地因赤壁之戰聞名史冊，此戰為三國最重要戰役。曹操、周瑜是此戰役中的一世之雄與千古風流人物[10]。蘇軾謫黃登

華書局，2007 年），頁 399。

5　參〔宋〕蘇軾撰；〔清〕王文誥輯注；孔凡禮校點：《蘇軾詩集》，頁 1124。

6　參〔宋〕蘇軾撰；〔宋〕郎曄注：《經進東坡文集事略》（臺北：世界書局，2014），頁 3。

7　孔凡禮撰：《蘇軾年譜》，頁 545。

8　孔凡禮撰：《蘇軾年譜》，頁 550。

9　若其夢中所見之道士與同遊赤壁（〈後赤壁賦〉）之人相同，賦中應直言同遊之友（或同遊之道士）入夢，而非言夢見道士。

10　宋郎曄注〈赤壁賦〉「曹孟德之困於周郎者」引《吳志·周瑜傳》：「（建安）十三年……其年九月，曹公入荊州，劉琮舉眾降，曹公得其水軍，船步兵數十萬，將士聞之皆恐……議者咸曰：「……愚謂大計不如迎之。」瑜曰：「不然……瑜請得精兵三萬人，進住夏口」。時劉

臨赤壁古戰場[11]，俯今追昔多有感懷。蘇軾因詩案被新黨陷構入獄，終被貶黃州而至赤壁。曹操、周瑜皆因赤壁之戰聚於此地，三人皆有到黃州赤壁之共同經歷。曹操、周瑜政治生涯都曾跌宕起伏，他們在此各有不同之經歷，亦皆有重大貢獻。而赤壁一地是歷史見證，在此有具體性。曹操、周瑜因歷史機緣，由於赤壁之役而聚集此地。而蘇軾在此地，亦非一般狀況之遊，他是因詩案被貶至此，亦是歷史機緣，此非其主動尋求，非其所願。又蘇軾政治生涯亦波瀾起伏，故蘇軾對曾經存在此地之千古風流人物作一討論。蘇軾乘舟遊赤壁，聯想戰事之激烈，「舳艫千里」[12]、「檣櫓灰飛煙滅」[13]等，皆與舟相關。蘇軾亦駕小舟遊於此地，舟承載著曹操、周瑜、蘇軾至此。曹操、周瑜千古留名，而蘇軾則別有感懷。

　　蘇軾〈前赤壁賦〉、〈念奴嬌·赤壁懷古〉與〈後赤壁賦〉，三篇赤壁書寫，都同有舟的意象，多次出現，且負載之意義內涵有相近亦有不同，這三篇文章與舟的內涵有較強關聯，三篇文章中，其所論之舟多具有比興意涵，已經不再是純粹物質性

備……遣諸葛亮詣權，權遂遣瑜及程普等與備并力逆曹公，遇於赤壁……瑜部將黃蓋曰：「操軍船艦首尾相接，可燒而走」……煙炎張天，人馬燒溺死者甚眾，軍遂敗退。參〔宋〕蘇軾撰；〔宋〕郎曄注：《經進東坡文集事略》（臺北：世界書局，2014），頁 3。

[11]　赤壁之戰地點有多種說法，故蘇軾於〈念奴嬌·赤壁懷古〉詞稱「故壘西邊人道是三國周郎赤壁」，以疑問口氣出之，其僅藉事抒懷。

[12]　參〔宋〕蘇軾撰；〔宋〕郎曄注：《經進東坡文集事略》（臺北：世界書局，2014），頁 3。

[13]　〔清〕朱孝臧編年；龍榆生校箋；朱懷春標點：《東坡樂府箋》（上海：上海古籍出版社，2014 年），頁 183-186。

之舟，而且有質變，其舟之意義已提升至不同的意蘊與象徵。

在此三篇赤壁書寫中，舟出現之次數如下：〈前赤壁賦〉中舟出現七次，〈念奴嬌‧赤壁懷古〉中舟出現一次，〈後赤壁賦〉舟出現三次。根據對舟的意象之承載可分為兩類：第一類是物質性之舟。第二類是精神性之舟，下文據此討論舟之意象。需說明〈後赤壁賦〉中有「於是攜酒與魚，復遊于赤壁之下」[14]，此處並未出現舟，不過本文仍將之歸為有舟的意涵。因為蘇軾再遊於赤壁，亦是乘舟出遊，故此處之遊隱含舟之意。此時舟與遊之意象結合在一起，舟可負載很多目的與意義，如舟作為交通工具本身有其目的，透過舟才能去做特定之行為。但重點不在乘舟，而在去目的地。蘇軾這三篇文章中舟有時僅有工具性，有時工具性與目的是結合的，例如要透過舟遊赤壁，它是工具性的舟，但有時舟既有工具性同時也是乘載精神的象徵，如其與遊結合時，舟與主體合而為一，此時的舟即含有目的性。

在上面之分類中，不管舟是精神性或物質性都與遊有關，第一類物質性之舟，此舟是作為旅遊之工具，此處之遊是旅遊，屬於形下意義，舟只作為物質性的舟而存在。第二類精神性之舟，人透過舟這個工具，作精神上之遊，舟與遊之目的是合一的，舟是人精神所到達之境的憑藉之物。

---

[14]　參〔宋〕蘇軾撰；〔宋〕郎曄注：《經進東坡文集事略》（臺北：世界書局，2014），頁3。

第二節　晚期：〈前赤壁賦〉主客相安之舟

在〈前赤壁賦〉舟共出現七次，包含物質性之舟與精神性之舟，下面依序討論這些舟的托寓運用。

一、泛舟遊於赤壁之下——物質性之舟

〈前赤壁賦〉中第一個舟是物質性的，蘇軾等泛舟遊於赤壁之下的舟：

> 壬戌之秋，七月既望，蘇子與客泛舟，遊於赤壁之下。清風徐來，水波不興。舉酒屬客，誦〈明月〉之詩，歌〈窈窕〉之章[15]。

舟是蘇軾與客泛舟於赤壁之下所乘，此處的舟是物質性的舟，搭載蘇軾與客遊於赤壁之下，舟在此處作為純粹工具性的價值。重要的是此舟與「遊」連用，雖與遊連用，但其工具性與目的性必須要分別，此處之舟是工具性的舟。蘇軾與友人駕小船前往赤壁

---

[15] 本文所討論之有關蘇軾赤壁書寫的三篇文本，引文全出自以下二書，賦出自參〔宋〕蘇軾撰；〔宋〕郎曄注；龐石帚校訂：《經進東坡文集事略》（據四部叢刊影印本、羅氏蟬隱廬本、寶華庵刊七集本、大全集本互校）（臺北：世界書局，1960 年），頁 1-6。〈前赤壁賦〉、〈後赤壁賦〉頁 268-269。蘇軾赤壁書寫之詞作〈念奴嬌・赤壁懷古〉引自〔宋〕蘇軾撰；〔清〕朱孝臧編年；龍榆生校箋；朱懷春標點：《東坡樂府箋》（上海：上海古籍出版社，2014 年），頁 183-186。下面引用這三篇文本，除必要處，論文中引用短句不再作注，先於於此處作一說明。

出遊，舟是他們遊江之憑藉。此舟是工具性的，無此舟無法展開這次的赤壁之遊，這是最基礎層次的舟。此處之舟也涉及風與水，乘於舟上，清風徐徐、水波平緩，蘇軾泛舟與遊之心情都是平靜的。水與舟有輔助之關係，水與風可以讓舟的工具性得到實現，如《莊子·逍遙遊》論水與舟之關係：「水之積也不厚，則負大舟也無力」[16]，有此水此風才能助益舟之遊，此處遊是指遊歷之心，形卜義的遊。

二、縱一葦之所如——羽化之舟

〈前赤壁賦〉中第二個舟是「縱一葦之所如，凌萬頃之茫然」的羽化之舟：

> 少焉，月出於東山之上，徘徊於斗、牛之間。白露橫江，水光接天。縱一葦之所如，凌萬頃之茫然。浩浩乎如馮虛御風而不知其所止；飄飄乎如遺世獨立羽化而登仙[17]。

此處之舟是從「月出東山之上」，到「白露橫江，水光接天」，此段描寫月出之景，在浩瀚夜空，明月之移動。而月下江面上，霧氣滿佈空間，月產生物我合一（蘇軾與舟），宛如仙境出現，境界出現，才有仙境的意涵。又「誦明月之詩」，因時間是「壬戌之秋，七月既望」，故有明月出現。而他們遊赤壁真正之目的

---

16 〔清〕郭慶藩編；王孝魚整理：《莊子集釋》（臺北：萬卷樓圖書有限公司，1993 年），頁 7。

17 〔宋〕蘇軾撰；〔宋〕郎曄注；龐石帚校訂：《經進東坡文集事略》（據四部叢刊影印本）（臺北：世界書局，1960 年），頁 1-2。

為何？是要遊覽水月江山。此須結合〈後赤壁賦〉可推得，然而為何要賞江上清風與山間明月？因人世無法稱心，希冀透過與屬性相近之朋友共遊自然同樂。自然之中有一超越之道可以使人享用，故心情苦悶時可以去遊。天地之道體現於山川水月中，可使人不陷於苦悶中，故在〈前赤壁賦〉表面上客陷於人的生命有限而長江無窮之痛苦中。然實則客並未真理解長江無窮之理，若能真正了解其苦悶會消失的。而為何蘇軾一直重遊赤壁，因此中有透露天道之理、天理、自然之理[18]。前哲觀看世界，特別是處於變動中，特別想去守住常道，尋找一可依恃之價值。因心隨物轉，則人無法自我作主，以此帶來痛苦。心逐於物，追逐外在價值，人存在之價值無法挺立。蘇軾若一直追隨帝王對他之喜怒而悲喜，無法自我作主，不能超然處之[19]，則患得患失。

---

[18] 周裕鍇論江山與創作之關係說：「作為『詩外工夫』，『江山之助』在宋人眼中有三方面的重要意義：一是增長學識經驗，二是陶冶人格性靈，三是啟迪詩思詩藝」。「就陶冶人格性靈而言，宋人相信自然山川中有一種與人性同構的靈氣，因而，游歷山川可以吸納自然界瑰奇壯麗之氣與幽深玄渺之趣，使人格得以昇華，使人性得以淨化」。另葛曉音論山水田園詩，溯其源流，指出山水審美意識始於商周人懾於自然，所以將自然界發生之一切都看成與人事相對應的有意識行為。先秦哲人從自然現象找出事物規律以求理順社會秩序，是其最重要任務。其注意於自然對人性與道德的助益所以還是屬於「向自然討消息」（錢穆《論語新解》）的哲學思維，而非審美意識。著重於通過自然景物探索世界本體的奧秘，獲取對於社會人生的啟示，這種在先秦時代形成的習慣思惟也影響了漢魏詩賦中的景物描寫。參周裕鍇撰：《宋代詩學通論》（四川：巴蜀書社出版，1997 年），頁 126-127；參葛曉音撰：《山水田園詩派研究》（瀋陽：遼寧大學出版社，1993 年），頁 3-8。

[19] 蘇軾〈超然台記〉亦此意：「人之所欲無窮，而物之可以足吾欲者有

　　在此舟出現之前是水與月的描寫，「月出於東山之上，徘徊於斗、牛之間。白露橫江，水光接天」，此處之舟是自由之舟，是蘇軾自由心的象徵。與水月相呼應，水與月的書寫使蘇軾產生如羽化登仙之感。舟之承載性及由此岸至彼岸的功能使其有至仙境之想，也因此蘇軾才會詠誦「望美人兮天一方」之歌。至「白露橫江，水光接天」之出現，讓人有登至仙境之感，在此處水月的意象獲得提升。由於「白露橫江，水光接天」，使水天相連，因水天連接使得人境、仙境兩境合成一境，人境近於仙境。

　　在本段中舟作了兩次轉化，在「白露橫江，水光接天。縱一葦之所如，凌萬頃之茫然」，這個水月描寫之中，舟的意象作了第一次轉化，成為貼近心所嚮往的憑藉，把物質性之舟變成了可以隨心所欲的自由之舟。另外「馮虛御風」又將舟作了第二次轉化，舟成為虛。列子才能御風而行，蘇軾此處舟之意象獲得提昇，不然如何能有憑虛御風之感，表示此時乘於舟上已非如在人世，而是如在仙境。蘇軾之「浩浩乎如馮虛御風，而不知其所止；飄飄乎如遺世獨立，羽化而登仙」，如遺世獨立非真遺世獨立，如馮虛御風非真馮虛御風。此處出現兩個「如」，「如」馮虛御風，「如」遺世獨立。「如」馮虛御風與舟在一起，舟幻化成不是舟，物質性被幻化掉。「馮虛御風」之「虛」為此處御風之依憑，「御風」一辭典出《莊子》，此經蘇軾轉化，《莊子·逍遙遊》有：

　　盡，美惡之辨戰乎中，而去取之擇交乎前。則可樂者常少，而可悲者常多。是謂求禍而辭福。夫求禍而辭福，豈人之情也哉？」參〔宋〕蘇軾撰；〔宋〕郎曄注；龐石帚校訂：《經進東坡文集事略》，頁829。

　　夫列子御風而行，泠然善也，旬有五日而後反。彼於致福
　　者，未數數然也。此雖免乎行，猶有所待者也。若夫乘天
　　地之正，而御六氣之辯，以遊無窮者，彼且惡乎待哉[20]。

有關列子御風事，成玄英疏解說：「得風仙之道，乘風遊行，泠
然輕舉，所以稱善」[21]，又說「得於風仙之福，因炎涼無心，虛
懷任運，非關役情取捨，汲汲求之。為道之要在忘心，若運役智
慮去之遠矣」[22]。兩說都稱列子得風仙之道，能御風而行，然仍
有所待，不過列子也需要虛懷才能御風。而對「乘天地之正，而
御六氣之辯」，郭象注為「順應萬物之性，遊變化之途」[23]。成
玄英疏為「虛懷體道，故能乘兩儀之正理，順應萬物之自然，御
六氣以遨遊，混群靈以變化無物不順，往而皆通」[24]。注、疏皆
解虛為順應萬物之性、虛懷體道。虛為虛靜其心，順應萬物[25]。

---

[20]　〔清〕郭慶藩編；王孝魚整理：《莊子集釋》（臺北：萬卷樓圖書有限
　　　公司，1993 年），頁 16-22。
[21]　〔清〕郭慶藩編；王孝魚整理：《莊子集釋》，頁 19-20。
[22]　〔清〕郭慶藩編；王孝魚整理：《莊子集釋》，頁 19-20。
[23]　〔清〕郭慶藩編；王孝魚整理：《莊子集釋》，頁 19-20。
[24]　〔清〕郭慶藩編；王孝魚整理：《莊子集釋》，頁 19-20。
[25]　《莊子》其它篇章也有虛的論述如《莊子·人間世》：「若一志，无聽
　　　之以耳聽之以心，无聽之以心而聽之以氣，耳止於聽，心止於符。氣
　　　也者，虛而待物者也。唯道集虛。虛者，心齋也」，「氣也者，虛而待
　　　物者也」，成玄英疏：「如氣柔弱虛空，其心寂泊忘懷，方能應物」。
　　　又解「唯道集虛。虛者，心齋也」，郭象注：「虛其心則至道集於
　　　懷」。成玄英疏：「唯此真道，集在虛心。故虛心者，心齋妙道」。合
　　　而論之「聽之以氣」與「虛」，都是虛空心志，虛靜其心，淡薄一切，
　　　以順應萬物之自然。參閱〔清〕郭慶藩編；王孝魚整理：《莊子集

則所謂虛是作虛靜工夫，以順應萬物之自然，則能御六氣以遨遊。

　　蘇軾藉舟的意象託寓，此處要說明「馮虛御風」，蘇軾與客對憑虛御風有不同看法，《莊子》中對列子此能力評價不高是因其仍然有待，列子要有待於風而能御之。此處是否蘇軾認為自己有待呢？或是虛懷體道，逍遙之境。

　　比起列子，蘇軾並非真的能憑虛御風，蘇軾只是「如」憑虛御風，他只是藉由舟而想像如御風之感受。蘇軾非要比較自己與列子的憑虛御風，蘇軾要強調者是將物質性之舟，轉化為憑虛御風。蘇軾之「如馮虛御風」的「如」是往上提升，他是把物質性之舟提升為精神境界之舟。而客仍然視此舟為物質性之舟，他將此舟拉回現實，故客謂此舟仍無法使吾人「挾飛仙以遨遊，抱明月而長終」。

　　其中「憑虛御風不知所止」，是蘇軾御舟而感到有如御風，舟與風有別，御風而行出自《莊子》，其稱列子可以御風而行但仍有所待。而蘇軾於此處所言之境界不僅停留於「馮虛御風」，而是到達仙境「飄飄乎如遺世獨立，羽化而登仙」。所謂「羽化而登仙」，其所謂之境界是真實而非虛妄，是自己可做主，是可取之不盡用之不竭。蘇軾言「如遺世而獨立羽化而登仙」，他要達到「遺世獨立」、「羽化登仙」的方式是忘我。其非真正離世，所以蘇軾用「如」。仙的境界不拘於物，凡的境界為世俗心。但蘇軾此處非追求世俗，蘇軾能達到如「遺世獨立」、如「羽化登仙」，是乘舟遊江，得到仙境忘我之境界。

　　釋》，頁 147-148。

三、扣舷而歌之──望美人之舟

第三個舟是扣舷而歌的舟，是望美人之舟。賦云：

> 於是飲酒樂甚，扣舷而歌之。歌曰：「桂櫂兮蘭槳，擊空明兮泝流光。渺渺兮予懷，望美人兮天一方」[26]。

「美人」一詞有其涵義，因為他「縱一葦之所如」，蘇軾言舟能隨心所欲往任何地方，所以當然能夠達到天一方的美人之處。然美人一詞有豐富涵義，非僅侷限於一兩個意涵，美人可以是一位國君或理想國君或仙道或人生理想等。屈原《楚辭》中美人寄託國君，是歷代詩人共同的文化符碼（參王逸《楚辭章句》[27]）。至於理想國君之意涵，實即存在於作者對國君的期盼中。而仙境之論出現在本文中，本文中稱「飄飄乎如遺世獨立，羽化而登仙」，此為蘇軾所欲企及的理想之境，故在此處對其所稱之「望美人兮天一方」，亦包含此意義。至於美人與理想之間之聯結。王水照解此處言，「美人」常用以象徵賢君聖王或美好理想[28]。

26　〔宋〕蘇軾撰；〔宋〕郎曄注；龐石帚校訂：《經進東坡文集事略》，頁2。

27　王逸《楚辭章句》稱：「《離騷經》者，屈原之所作也……《離騷》之文，依《詩》取興，引類譬諭。故善鳥香草以配忠貞；惡禽臭物以比讒佞；靈修美人以媲於君；宓妃佚女以譬賢臣；虯龍鸞鳳以託君子；飄風雲霓以為小人。其詞溫而雅，其義皎而朗。凡百君子，莫不慕其清高，嘉其文采，哀其不遇，而閔其志焉」。〔漢〕王逸：《楚辭章句》（臺北：臺灣中華書局，1981），頁2-3。

28　王水照：《蘇軾選集》（臺北：萬卷樓圖書有限公司，2014 年），頁384。

葉嘉瑩〈蘇軾〈前赤壁賦〉講錄第六講〉亦謂無須拘泥將美人解為聖主賢君，亦可以是其對心中理想人事物的嚮往[29]。蘇軾此處「美人」一詞，似是繼承屈原香草美人的文化意涵，指的是國君，也是蘇軾對於皇帝眷眷不已之深情，亦即其忠心耿耿之意涵。但也可以較寬泛的理解為是其理想，其對國君、對理想之追求。蘇軾乃要透過遊，得安身立命之道，如郭象所說物各適其性，各得其所，才是逍遙[30]。最好的國君不是使萬物感到有限，感到存在之虛無，而是使萬物各盡其性，得其自在。

四、舞幽壑之潛蛟──孤怨之舟

第四個舟是「泣孤舟之嫠婦」為孤怨之舟。賦云：

> 客有吹洞簫者，倚歌而和之，其聲嗚嗚然如怨如慕，如泣如訴，餘音裊裊，不絕如縷。舞幽壑之潛蛟，泣孤舟之嫠婦[31]。

「泣孤舟之嫠婦」此舟是孤怨的象徵，「其聲嗚嗚然，如怨如慕，如泣如訴」，客之吹奏簫時表現客此時之情感，簫聲傳達之

29　葉嘉瑩：〈蘇軾〈前赤壁賦〉講錄〉（第六講），《文史知識》2015年9月，頁76-81。

30　郭象注《莊子‧逍遙遊》中「蜩與學鳩笑之曰」段，郭象注謂：「苟足於其性，則雖大鵬無以自貴於小鳥，小鳥無羨於天池，而榮願有餘矣。故小大雖殊，逍遙一也」。參〔清〕郭慶藩編；王孝魚整理：《莊子集釋》（臺北：萬卷樓出版社，1993年），頁9。

31　參〔宋〕蘇軾撰；〔宋〕郎曄注；龐石帚校訂：《經進東坡文集事略》（據四部叢刊影印本）（臺北：世界書局，1960年），頁2。

情相對於蘇軾之飄飄之瀟灑超然是不同的，客之簫聲傳達之情可「泣孤舟之嫠婦」表示其情感傷。為何客所演奏的聲音會使嫠婦泣，此是關於孤的共感，嫠婦之泣，是無任何人可以依託。而客之泣（如怨、如慕、如泣、如訴），是因為「寄蜉蝣於天地，渺滄海之一粟」。存在是短暫如蜉蝣、渺小如滄海粟米、可有可無，有無存在都沒有差別。其中嫠婦之泣與客之泣有同有異，相同點是同是孤單的，不同點是嫠婦悲者在孤單無靠，客所悲者是生命存在的可有可無。

五、舳艫千里，旌旗蔽空──英雄之舟

第五個舟是曹操英雄之舟。賦云：

> 蘇子愀然正襟危坐而問客曰：何為其然也。客曰：「月明星稀，烏鵲南飛」，此非曹孟德之詩乎。西望夏口，東望武昌，山川相繆，鬱乎蒼蒼，此非孟德之困於周郎者乎。方其破荊州，下江陵，順流而東也。舳艫千里，旌旗蔽空，釃酒臨江，橫槊賦詩，固一世之雄也，而今安在哉[32]？

客為何言曹孟德之舟，因此處是三國赤壁之戰的地點，曹孟德之舟於赤壁之戰中有其意涵，以下分三點說明：一客所論之曹孟德，在本段文章之前半部曹操並非孤單，他是當時天下共主，賢

32　參〔宋〕蘇軾撰；〔宋〕郎曄注；龐石帚校訂：《經進東坡文集事略》
　　（據四部叢刊影印本），頁2-3。

才往赴，眾才依歸。二曹孟德在本段文章之後半部時，其處境卻幡然改變，即使一世之雄如曹操也被困赤壁。文中稱「方其破荊州，下江陵，順流而東也。舳艫千里，旌旗蔽空，釃酒臨江，橫槊賦詩，固一世之雄也」。正是不可一世之時，但轉眼間此處也是曹操受困之地。到曹操被困周郎時，狼狽而逃，對照來時眾人往歸之狀，此時曹操亦是孤獨的。三是客對於生命短暫之感慨，即使曹孟德有偉大功業，仍無法克服物質生命有限性的宇宙律法。客於此處對比曹操感傷自己之渺小，連曹操都消失了而渺小如我們（客與蘇軾），不能於歷史中留下記錄，故其質疑存在的價值。

六、渺滄海之一粟──寄蜉蝣於天地之舟

第六個舟是客所言「駕一葉之扁舟，舉匏樽以相屬」。賦云：

> 況吾與子，漁樵於江渚之上，侶魚蝦而友麋鹿，駕一葉之扁舟，舉匏樽以相屬。寄蜉蝣於天地，渺滄海之一粟。哀吾生之須臾，羨長江之無窮。挾飛仙以遨遊，抱明月而長終。知不可乎驟得，托遺響於悲風[33]。

統而言之，客用三個孤來討論存在，一孤舟嫠婦，二曹操困於周郎，三蘇與客寄蜉蝣於天地。個別看孤舟嫠婦之孤，是謂其無可

33　參〔宋〕蘇軾撰；〔宋〕郎曄注；龐石帚校訂：《經進東坡文集事略》，頁 3。

依靠。曹操困於周郎之孤,是言其破荊州下江陵時,帶著征服天下之願景,統一天下之目的。曹操集結眾人之意志,使眾人依附他,所以他有「舳艫千里」,有眾多舟可指揮。曹孟德之舟曾經如此,但他後來也被困於此。原本數量龐大,聲勢浩大之舟,共同南下,雄心萬丈。可當曹操被困,由不得他,作不得主。所以可見舳艫千里旌旗蔽空時,作主的亦非他,這是曹操之孤。

客認為他與蘇軾是「寄蜉蝣於天地」,客舉出與蘇軾共乘之小舟作討論,客謂現今二人是「漁樵於江渚之上」,對比曹操一世之雄是大小之別。看似蘇軾與客有很多朋友,所謂「侶魚蝦而友麋鹿」,但實則魚蝦是沒有共感的,魚蝦還不及潛蛟、嫠婦。因潛蛟、嫠婦會因音樂而舞、而悲。然再進一層潛蛟與嫠婦雖能與音樂有共感,為何客仍感到孤寂?因蛟魚、嫠婦是自悲其悲,所以有回應之孤寂悲感比沒有回應之孤寂感更孤寂,表面皆是「嗚嗚然」,但都各悲其各自之悲。各悲其悲何以更悲?乃因眾人皆懂自憐,懂自憐是更大之悲,各悲其悲是自悲。聖人以更寬宏之角度觀看政治、社會、人類,每個人皆陷於自己之痛苦中,不能超脫自己之悲。佛教悲人之無明,因人想脫離痛苦,但不得其法。要脫離此間之地獄,但無法自拔,故言各悲其悲,無法以超越之眼光審視自悲,為更大之悲。

客問出對於蘇軾的境界之疑問,客之疑問是此時的自己是感到悲傷之情,但蘇軾為何如此快樂。蘇軾看似成仙,實際並無成仙,「挾飛仙以翱遊」為自說自話。曹操擁有眾多舟(「舳艫千里」、「旌旗蔽空」)都如此,更何況吾兩人僅有一葉扁舟。看似二人很自由,但也像曹操被周郎困於赤壁般,吾二人亦困於此地。曹操是被政治人生志向之舟困,而客與蘇軾是肉體有限性無

法通於無限性，故客認為自己與蘇軾亦是困於舟。

客最後歸結至兩人共乘之舟，是他們兩人乘載理想之舟，因文中言「挾飛仙以遨遊，抱明月而長終」，蘇軾與客皆想成仙，皆企盼永恆。客言「哀吾生之須臾，羨長江之無窮，挾飛仙以遨遊，抱明月而長終」，蘇軾與客都想成仙。蘇軾之「如遺世獨立，羽化而登仙」。而客則謂此時兩人之情境遭遇遠不及曹操，而即便曹操都消失於歷史洪流之中，更何況吾二人。其次我們的生命微不足道，所以悲，其實客之境界亦不落凡俗，他並非企求物質而是企求永恆。

客對蘇軾前面「如遺世獨立」、「如羽化登仙」之愉悅之情有所質疑。客指出蘇軾仍是有限的，而且此時蘇軾之處境是有限之有限。現今蘇軾與客之處境遠不如曹操，但連曹操都「而今安在」，更何況蘇軾與客，故客才會越來越悲觀。仙之境界不可企及，只是「渺滄海一粟」，可有可無，微乎其微，則該將存在寄託於何處。

七、相與枕藉乎舟中——主客皆安之舟

對於客的疑問，蘇軾認為我們可以永恆。賦云：

> 蘇子曰：客亦知夫水與月乎？逝者如斯，而未嘗往也。盈虛者如彼，而卒莫消長也。蓋將自其變者而觀之，則天地曾不能以一瞬。自其不變者而觀之，則物與我皆無盡也。而又何羨乎！且夫天地之間，物各有主；苟非吾之所有，雖一毫而莫取。惟江上之清風，與山間之明月，耳得之而為聲，目遇之而成色。取之無禁，用之不竭。是造物者之

無盡藏也，而吾與子之所共適[34]。

幸有客之提問，蘇軾之情感思想才得揭露。蘇軾之「愀然」是有
意涵的，相對於客之悲感，調整為嚴肅莊重之態度。先了解其友
之悲，因客不理解蘇軾此時之適，此時蘇軾是感到自由自在，不
是快樂。蘇軾不因皇帝之喜惡而悲喜，獲得自由自在的愉悅，蘇
軾看到無限，客看到有限。客為何要「羨長江之無窮」？因為客
看到生命之有限性「哀吾生之須臾」，客想有所表現，想無限，
想成仙、成道等。蘇軾轉換友人之態度，思考其想「驟得」之是
否可能。又鼓勵其友，道不遠，道為內在性非外在性。

　　蘇軾以理寬解友人「客亦知夫水與月乎？逝者如斯，而未嘗
往也。盈虛者如彼，而卒莫消長也」。「逝者如斯」出自《論
語》卷五〈子罕〉篇言：「子在川上曰：逝者如斯夫，不舍晝
夜」[35]，表示時間之流逝從不停止。然蘇子卻言變化中有不變之
面向，月亦是如此。水與月從現象的層面觀察是瞬息萬變，變動
不居。但從本體層面觀察，水月則從未改變過。吾人之生命從現
象層面言亦是處於變動之中，無法如江月之無窮盡，但從生命之
本體層面觀看，亦是恆定不變的。故對於外在紛紜之變化可視為
現象，本質則不會隨外在改變而變化。「天地之間，物各有主，
苟非吾之所有，雖一毫而莫取」，物之有主指的是人的佔有未必
真是物之主，非吾有則不必有佔取之念頭。「惟江上之清風，與

34　參〔宋〕蘇軾撰；〔宋〕郎曄注；龐石帚校訂：《經進東坡文集事
　　略》，頁 3-4。

35　〔宋〕朱熹撰：《論語》卷五《四書集註》（臺北：藝文印書館，1980
　　年）頁 5-6。

山間之明月，耳得之而為聲，目遇之而成色，取之無禁，用之不竭，是造物者之無盡藏也」。如此之江月，展示於吾人面前為聲色之形象，其不斷變化之現象，正好供給我們欣賞，體悟變不變之理。吾人可於此形象中體悟自然中所蘊藏的道，悟得道之永恆性，使生命於相對觀念（「吾生須臾」對比「長江無窮」）之痛苦中作一超越。

　　蘇軾提出二個觀點：（一）成仙不可驟得，（二）長江明月永恆，（三）長江明月也有可以企及處。水月有變不變，也有永恆處，生命亦有無窮處，把聲色收入心中，於水月與自然之中體會道之永恆，自己也得永恆之理。第七個舟是主體蘇軾之舟，「相與枕藉乎舟中，不知東方之既白」。賦云：

　　　　客喜而笑，洗盞更酌，肴核既盡，杯盤狼籍。相與枕藉乎
　　　　舟中，不知東方之既白[36]。

主客皆得永恆之理，心靈得以安適，即〈後赤壁賦〉所問安乎？〈前赤壁賦〉是有得到安。蘇軾言成仙不可驟得，引領客看見無窮，人要追求無窮才感安心，追求永恆，恆定之物，才能定靜，才安的住。不然如曹孟德「舳艫千里，旌旗蔽空」，卻轉眼被困，一世英雄亦轉瞬灰飛煙滅。

36　參〔宋〕蘇軾撰；〔宋〕郎曄注；龐石帚校訂：《經進東坡文集事略》，頁4。

第三節　晚期：〈念奴嬌‧赤壁懷古〉虛幻之舟

　　曹操之舟與周瑜之舟是可以相呼應的，或可互為詮解。

　　〈念奴嬌‧赤壁懷古〉中之舟是「羽扇綸巾，談笑間、檣櫓灰飛煙滅」，周瑜雄姿英發之舟。其詞言：

> 大江東去，浪淘盡[37]，千古風流人物。故壘西邊，人道
> 是、三國周郎赤壁。亂石穿空，驚濤拍岸，卷起千堆雪。
> 江山如畫，一時多少豪傑。
> 遙想公瑾當年，小喬初嫁了，雄姿英發。羽扇綸巾，談笑
> 間、檣櫓灰飛煙滅。故國神游，多情應笑我，早生華髮。
> 人間如夢，一尊還酹江月[38]。

蘇軾〈念奴嬌‧赤壁懷古〉中遊賞赤壁，神遊故國，傾慕千古風流人物周瑜[39]。詞中稱「故壘西邊，人道是、三國周郎赤壁」其

---

[37] 南宋洪邁《容齋詩話》謂：「向巨源云：元不乏家有魯直所書東坡〈念奴嬌〉與今人歌不同者數處，『浪濤盡』為『浪聲沉』，『周郎赤壁』為『孫吳赤壁』，『亂石穿空』為『崩雲』，『驚濤拍岸』為『掠岸』，『多情應笑我早生華髮』為『多情應是我早生華髮』，人生如夢」為『如寄』不知此本今何在」。參閱〔宋〕洪邁：《容齋詩話》（臺北：廣文書局，1971 年），頁 244。

[38] 〔宋〕蘇軾撰；〔清〕朱孝臧編年；龍榆生校箋；朱懷春標點：《東坡樂府箋》（上海：上海古籍出版社，2014 年），頁 183。

[39] 對於羽扇綸巾中所指的是周瑜或諸葛亮，歷來義有多種看法，有認為本詞論為兩人，有認為全詞論周瑜，依據文獻羽扇綸巾是當時一般儒士的打扮，此詞中心人物是周瑜。筆者持此看法，王水照持後者之看法。參閱王水照選注：《蘇軾選集》（臺北：萬卷樓圖書有限公司，1991

千古風流人物的形象集中體現於「三國周郎赤壁」，此句以三國周郎稱地名，赤壁一役為三國關鍵戰役，對周瑜言亦是使其受矚目一戰成名之役。下闋「遙想公瑾當年，小喬初嫁了雄姿英發」，其參與此役時值青壯，雄姿英發「羽扇綸巾，談笑間、檣櫓灰飛煙滅」，言周瑜於赤壁戰中以寡擊眾，破數十萬曹操之軍，此處之灰飛煙滅之「檣櫓」是指曹操軍船，在周瑜智謀下灰飛煙滅。此詞所詠是成偉大事功之千古風流人物周瑜，就詞意論此處所言之舟，乃指雄姿英發指揮若定的周瑜之舟，正對照〈赤壁賦〉曹操「舳艫千里，旌旗蔽空」之不可一世之舟與「釃酒臨江，橫槊賦詩」之風流。雖此處「檣櫓」指曹軍被周瑜戰略所破，但整句之主詞是「羽扇綸巾，談笑間、檣櫓灰飛煙滅」，執羽扇綸巾，談笑輕鬆滅「舳艫千里，旌旗蔽空」之曹軍是周瑜[40]，故此舟指向因此役成名之指揮若定的周瑜之舟。

　　撫今追昔，赤壁之戰中最傑出之千古風流人物周瑜也在歷史浪潮之中消逝，歷史成為陳跡。「人間如夢」蘇軾此處所言之夢內涵為何？「夢」字在〈後赤壁賦〉中也出現。夢具虛幻性與真實相對，「人間如夢」是蘇軾對於〈前赤壁賦〉與此詞中三國人物之評價，周瑜、曹操所追求功業，由於名利是外求的不盡其在我，不能自我作主，故其成就也如夢般空幻。蘇軾此時仕途蹇困，他亦企圖在政治上有所建樹，但蘇軾基本上與曹操等仍然不同，因曹操等追求之功業非操之在己，而是受制於天，故其功業有虛幻性，而蘇軾不同。蘇軾並不以名利為主要目的，他從政以

年），頁291-295。

40　參〔宋〕蘇軾撰；〔宋〕郎曄注；龐石帚校訂：《經進東坡文集事略》，頁3。

百姓為念，如〈吳中田婦嘆〉[41]、〈山村五絕〉[42]等作品是出於他在新法施行中所親見不便於民，對造成人民痛苦之事端作詩諷諭，以求「庶幾有補於國」[43]。而志在追求名利者，則生命之有限使功業具虛幻性，因名利祿位非操之在己。蘇軾的出發點是可操之在己者，雖因此獲罪遭貶，但不影響他仍要為民喉舌之心。如謫黃時蘇軾仍關心民謨，貶黃途中〈正月十八日蔡州道上遇雪次子由韻二首〉「佇立望原野，悲歌為黎元」[44]，揭露寫詩之基點在「悲歌為黎元」。又貶黃期間作〈陳季常所蓄朱陳村嫁娶圖〉[45]、〈魚蠻子〉[46]等都表現蘇軾拯民水火之切。《孟子》卷十一〈告子〉篇有「天爵」、「人爵」之論，孟子曰：

> 有天爵者，有人爵者。仁義忠信，樂善不倦，此天爵也。
> 公卿大夫，此人爵也。古之人，修其天爵，而人爵從之。
> 今之人，修其天爵，以要人爵，既得人爵，而棄其天爵，

---

[41] 參〔宋〕蘇軾撰；〔清〕王文誥輯注；孔凡禮點校：《蘇軾詩集》（北京：中華書局，2018 年），頁 404。

[42] 參〔宋〕蘇軾撰；〔清〕王文誥輯注；孔凡禮點校：《蘇軾詩集》，頁 437。

[43] 參〔宋〕蘇轍：《蘇轍集》（北京：中華書局，1990），頁 1120。

[44] 參〔宋〕蘇軾撰；〔清〕王文誥輯注；孔凡禮點校：《蘇軾詩集》，頁 1019。

[45] 參〔宋〕蘇軾撰；〔清〕王文誥輯注；孔凡禮點校：《蘇軾詩集》，頁 1029。

[46] 參〔宋〕蘇軾撰；〔清〕王文誥輯注；孔凡禮點校：《蘇軾詩集》，頁 1124。

則惑之甚者也，終亦必亡而已矣[47]。

關於「天爵」、「人爵」之內涵，朱熹注：「天爵者，德義可尊，自然之貴也」[48]。孟子稱修德為「天爵」，祿為「人爵」，古人修德得祿，今人修德為得祿之手段。修德在己，在己為意謂求則得之，舍則失之。透過〈念奴嬌・赤壁懷古〉「人生如夢」蘇軾對夢之思考更清楚，此處之夢對於永恆有點題作用。因其它部分看不出蘇軾對周瑜、曹操二人的評價，線索較隱微，透過此處之夢，蘇軾才較清楚的展示其看法。在此蘇軾才更清楚的討論〈前赤壁賦〉所說的永恆性的問題，生命之永恆在求道，這是惟一可以自我作主之事。

最後「一尊還酹江月」以酒祀江與月，為何是江月，江月在〈前赤壁賦〉是蘇軾辯論變不變問題之依據，因江月具有常性，永恆性，也是蘇軾認為可解釋自然之理的憑藉，水月恆變也恆不變，從變之角度看，瞬息萬變，然自不變之角度觀，盈虛循環，往而無盡。

第四節　晚期：〈後赤壁賦〉思義之舟

在〈後赤壁賦〉中舟之意象共出現三次，分別是（一）於是攜酒與魚，復遊于赤壁之下，（二）反而登舟，放乎中流，聽其

---

[47] 〔宋〕朱熹注：《孟子集注》《四書集註》（臺北：藝文印書館，1980年），頁 15 下。

[48] 〔宋〕朱熹注：《孟子集注》《四書集註》（臺北：藝文印書館，1980年），頁 15 下。

所止而休焉，（三）翅如車輪，玄裳縞衣，戛然長鳴，掠予舟而西。以下分別論述。

一、於是攜酒與魚，復遊于赤壁之下
——物質性之舟

〈後赤壁賦〉三次出現的舟，則都從主體角度出發，客在其中扮演著跟隨蘇軾同遊赤壁，或不跟隨蘇軾「履巉岩，披蒙茸」的角色。

第一個舟是再次乘舟遊於赤壁之下「於是攜酒與魚，復遊于赤壁之下」。賦云：

> 是歲十月之望，步自雪堂，將歸於臨皋。二客從予，過黃泥之坂，霜露既降，木葉盡脫。人影在地，仰見明月，顧而樂之，行歌相答。已而嘆曰：有客無酒，有酒無肴，月白風清，如此良夜何？客曰：今者薄暮，舉網得魚，巨口細鱗，狀如松江之鱸。顧安所得酒乎？歸而謀諸婦，婦曰：我有斗酒，藏之久矣，以待子不時之須[49]。

〈後赤壁賦〉描述節氣之變化「是歲十月之望……霜露既降，木葉盡脫，人影在地」霜降葉脫固然有凋零之感，但也顯現事物本貌之豁朗。木葉不茂人影才會被看到，此處也隱藏後文「水落石出」之徵兆。而「仰見明月，顧而樂之，行歌相答」，此處之

---

[49] 參〔宋〕蘇軾撰；〔宋〕郎曄注；龐石帚校訂：《經進東坡文集事略》，頁4。

「歌」，與前赤壁賦的「歌窈窕之章」互相對照[50]，都是在心情愉快之下的表現。而「有客無酒，有酒無肴，月白風清，如此良夜何」，其嘆是快樂的嘆與前赤壁賦之客「託遺響於悲風」之嘆不同[51]。〈後赤壁賦〉中已得江上清風，山間明月良友，還不夠還要酒與肴，四者聚集而成之遊，是一直加乘的快樂。條件具足，蘇軾與友人，再遊赤壁。賦云：

> 於是攜酒與魚，復遊于赤壁之下。江流有聲，斷岸千尺。山高月小，水落石出。曾日月之幾何，而江山不可復識矣[52]！

〈後赤壁賦〉的第一個舟是物質性之舟亦即作為工具性之舟，「攜酒與魚，復遊于赤壁之下」，蘇軾與二客乘舟再次共游長江赤壁，所見之景是「江流有聲，斷岸千尺，山高月小，水落石出」，由於「水落」使山壁顯高，水位下降使舟之位置變低，而映襯山之高。舟、月距遠而顯出月小，山高也顯出壓迫感，「水落石出」與「斷岸千尺」顯露山壁與石之本真面貌。蘇軾感嘆三個月山川水月產生很大變化，〈赤壁賦〉之水是「輕風徐來，水波不興」、「白露橫江，水光接天」、「縱一葦所如，凌萬頃茫

50　參〔宋〕蘇軾撰；〔宋〕郎曄注；龐石帚校訂：《經進東坡文集事略》，頁2。

51　參〔宋〕蘇軾撰；〔宋〕郎曄注；龐石帚校訂：《經進東坡文集事略》，頁5。

52　參〔宋〕蘇軾撰；〔宋〕郎曄注；龐石帚校訂：《經進東坡文集事略》，頁4-5。

然」、「江上清風」顯出水勢盛大。對比〈後赤壁賦〉「江流有聲，斷岸千尺，山高月小，水落石出」、「風起水湧」等之水勢低伏及波流湧動不可測。又如論山之變〈赤壁賦〉：「月出東山」、「山川相繚鬱乎蒼蒼」、「山間明月」山穩定平靜。對比〈後赤壁賦〉「斷岸千尺，山高月小」、「履巉岩，披蒙茸，踞虎豹，登虬龍」、「山鳴谷應」等，山成為一高而奇異之存在。蘇軾感到自然之變異「曾日月之幾何，而江山不可復識」，江山水月已不再是他之前所見之江山水月，山變水也變。

二、反而登舟，放乎中流，聽其所止而休焉
——知止之舟

　　蘇軾對於江山之變化，產生很大之好奇心，想看清楚山川日月之真貌。賦云：

> 予乃攝衣而上，履巉巖，披蒙茸，踞虎豹，登虬龍。攀棲鶻之危巢，俯馮夷之幽宮。蓋二客不能從焉。劃然長嘯，草木震動，山鳴谷應，風起水湧，予亦悄然而悲，肅然而恐，凜乎其不可留也。反而登舟，放乎中流，聽其所止而休焉[53]。

主客對於山川水月之變，態度不同，蘇軾帶著冒險精神嚮往未知，但二客不願跟隨蘇軾夜晚登山，故二客留舟只蘇軾獨往。山

---

[53]　參〔宋〕蘇軾撰；〔宋〕郎曄注；龐石帚校訂：《經進東坡文集事略》，頁5。

川水月是蘇軾體認道之憑藉，〈前赤壁賦〉蘇軾藉山川水月之變與不變體會自然之理，自然之道。此時山川不可復識，對蘇軾而言是其體道憑藉改變，故使欲往求探真相，以此可看出蘇軾求道之心志強烈。

　　〈前赤壁賦〉與〈後赤壁賦〉都以山川水月為書寫對象，〈後赤壁賦〉蘇軾爬山未必是征服，他是受到變化的自然現象之吸引而前往　探究竟，文中「履巉岩，披蒙茸」是荒野自然之景，「踞虎豹，登虯龍」並非真正之虎豹、虯龍，是石狀虎豹，木狀虯龍，非真有虎豹虯龍。但是蘇軾用猛獸、神獸等意象是隱喻，運用這些形象暗示蘇軾之心境，想像力特別豐富，這些猛獸等都是想像力之表現。因山高月小，月小而光暗，想像力放大。而其「攀棲鶻之危巢，俯馮夷之幽宮」，棲鶻巢在山巔樹頂，要攀窺其巢表示其困難。水神馮夷幽宮表幽暗不可見，蘇軾也要於黑暗中藉著朦朧月色俯看，巢、宮是一個更大的群體，表現要掌握全局，即使很困難隱微仍然努力探求。

　　〈後赤壁賦〉第二個舟是退居安身地之舟，「反而登舟，放乎中流，聽其所止而休焉」，蘇軾爬山所描述之景是蠻荒野性之氣氛，其所見之景與〈前赤壁賦〉之景差異很大。以江川風月言〈前赤壁賦〉是江上清風山間明月，〈後赤壁賦〉是虎豹虯龍、棲鶻危巢、馮夷幽宮，又「山鳴谷應，風起水湧」。〈前赤壁賦〉是御風而行之灑脫，〈後赤壁賦〉是無法作主「放乎中流，聽其所止而休焉」。〈前赤壁賦〉是表現出自己的無限性，〈後赤壁賦〉是自知有限性。所以蘇軾「放乎中流，聽其所止而休焉」，中流與聽其所止都是指水，此是喻回歸自己本心，聽任心之意。

三、適有孤鶴，橫江東來，掠予舟而西
——夢覺之舟

第三個舟「翅如車輪，玄裳縞衣，戞然長鳴，掠予舟而西也」。賦云：

> 時夜將半，四顧寂寥，適有孤鶴，橫江東來，翅如車輪，玄裳縞衣，戞然長鳴，掠予舟而西也。須臾客去，予亦就睡，夢一道士（有版本為二道士），羽衣翩仙，過臨皋之下，揖予而言曰：赤壁之遊樂乎？問其姓名，俯而不答。嗚呼噫嘻！我知之矣，疇昔之夜，飛鳴而過我者，非子也耶。道士顧笑，予亦驚悟。開戶視之，不見其處[54]。

蘇軾回船遇一孤鶴，鶴橫江「掠予舟而西」，孤鶴可能是虛構，鶴翅大如車輪現實較難見到。但也可能是寫實，此鶴從江東來，從西邊飛走。孤鶴形象與仙人有關，鶴隱含仙人之意涵。〈前赤壁賦〉有羽化登仙，〈後赤壁賦〉也有一似仙之白鶴。客見鶴後即離去，表示客見鶴只是一般的鶴，但蘇軾見此鶴非凡鶴，就如蘇軾見到不一樣的江山，他亦看出不一樣的鶴。客見是普通鶴，是普通江山。蘇軾與二客到赤壁遊玩，最後鶴入蘇軾夢中。文中指出孤鶴與道士之服裝相同，蘇軾也於夢中解悟鶴與道士是二而一。關於一道士或二道士之問題[55]，一道士之說法，表示道士就

---

[54] 參〔宋〕蘇軾撰；〔宋〕郎曄注；龐石帚校訂：《經進東坡文集事略》，頁 5-6。

[55] 道士人數有兩種說法，言「二道士」者有：（一）楊家駱主編世界書局

是白鶴，此說較為簡潔，減少爭議。但若是二道士應如何解讀？
或許可嘗試解讀，所謂二道士，其一為白鶴，此無疑義。而文中
另一道士是誰？從莊周夢蝶寓言論，莊子化為蝶，莊子即是蝶。
蘇軾領悟鶴是道士化身，而另一道士是蘇軾自己，因為夢本來即

版《中國學術名著第六輯》《蘇東坡全集》。（二）河洛出版社之《蘇
東坡全集》（此應為世界書局版之影本）。主張「一道士」有（一）
【四庫全書】版之《東坡全集》卷33，頁1107-469、1107-470。（二）
世界書局之版本。為〔宋〕蘇軾撰；〔宋〕郎曄注；龐石帚校訂：
《經進東坡文集事略》。而「一」、「二」道士說之依據，在《經進東
坡文集事略・後赤壁賦》：「夢一道士」下註：「諸本多云『夢二道
士』，二當作一，疑傳寫之誤。《苕溪漁隱》云：『此賦初言適有孤鶴，
橫江東來』中言『夢二道士，羽衣翩仙』，末言『疇昔之夜飛鳴而過我
者』前後皆言孤鶴，則道士不應言二。余嘗見陸遠畫赤壁前後賦，因以
此語詰之，渠為之擱筆」。王水照《蘇軾選集》在後賦「一道士」處作
註徵引《苕溪漁隱叢話》與朱熹之論。《苕溪漁隱叢話》之論已見前，
而《弘治黃州府治》之論如下：《弘治黃州府治》卷八引朱熹云：「後
賦前言二道士，後言孤鶴，東坡親跡亦然，則或是筆誤耳」。（萬曆本
《蘇長公合作》卷一）引朱熹云：「當以『一』字為是」。不過就《苕
溪漁隱叢話》與朱熹之論「諸本多云『夢二道士』」，則可知在南宋時
所見版本，多作二道士，後之版本據《苕溪漁隱叢話》與朱熹之論而修
改，故不少本皆為「一道士」。然「二道士」或也存在解釋空間，故
以此論之。參閱〔宋〕蘇軾：《蘇東坡全集》（冊上）（楊家駱主編：
《中國學術名著第六輯》《文學名著》第六集、第九冊）（臺北：世界
書局，1960年），頁268-269；〔宋〕蘇軾：《蘇東坡全集》（冊上）
（臺北：河洛出版社，1975年），頁268-269。〔宋〕蘇軾：《東坡全
集》卷33（影【四庫全書】本），頁1107-469、1107-470。〔宋〕蘇軾
撰；〔宋〕郎曄注；龐石帚校訂：《經進東坡文集事略》（臺北：世界
書局，1960年），頁5。王水照：《蘇軾選集》（臺北：萬卷樓圖書有
限公司，2014年），頁392。

是自己各種情感投射到不同人物身上，所有都在表現作夢者自己之情感。「夢一（或二）道士，羽衣蹁躚，過臨皋之下，揖予而言曰：赤壁之遊樂乎？問其姓名，俯而不答」，此問題也是蘇軾自問，夢中出現者不管人物、對話都是作夢者之自問自答。

第五節　結　論

本文以〈前赤壁賦〉、〈念奴嬌・赤壁懷古〉、〈後赤壁賦〉為討論之素材，就其中之舟書寫作探討，從三篇作品可觀察到如下之面向。

黃州時期藉由舟之意象的托寓運用，蘇軾在其中思考變與不變的問題，探究存在的意蘊。舟分兩層次，第一層是〈前赤壁賦〉中他在遇到客之質疑時對於存在的解釋。第二層是〈後赤壁賦〉中他在實際經驗中所得的到反省。

再申言之，在〈前赤壁賦〉中客提出一問題，客因與蘇軾同遊赤壁之契機而神遊三國。於遙想赤壁之戰中一世之雄曹操亦曾率千萬軍馬於赤壁之上，而於今其亦消失於歷史洪流中。相對於客與蘇軾「吾與子漁樵於江渚之上，侶魚蝦而友麋鹿，駕一葉之扁舟，舉匏樽以相屬。寄蜉蝣於天地，渺滄海之一粟」[56]，人之生命如此短暫與渺小，該如何追求生命之價值，如何可尋求安身立命之準則。對於此問題，蘇軾有兩次的回應，一次是〈念奴嬌・赤壁懷古〉詞中，蘇軾藉由論赤壁之戰之的周瑜，其於此役

56　參〔宋〕蘇軾撰；〔宋〕郎曄注；龐石帚校訂：《經進東坡文集事略》，頁3。

中雄姿英發，指揮若定，然即便是勝利一方的周瑜亦消失於歷史
之中，故其雄姿英發之舟亦是虛幻性的。故客羨慕之曹操等英雄
人物，其俗世事功，亦是虛幻性的。

　　對客的問題，人之生命之短暫與渺小的第二個回應，是〈前
赤壁賦〉所論：「惟江上之清風，與山間之明月，耳得之而為
聲，目遇之而成色，取之無禁，用之不竭。是造物者之無盡藏
也，而吾與子之所共適」[57]。蘇軾對〈前赤壁賦〉中的客，對生
命短暫渺小的解決之道，是要以聲與色去解決。蘇軾說「惟江上
之清風與山間之明月」，分別是聲、色，指人要在自然之中，獲
得啟發，領悟生命存在之價值。領悟吾人生命如水月「逝者如
斯，而未嘗往也。盈虛者如彼，而卒莫消長也」。在自然的聲色
中，已透露生命之意義，「蓋將自其變者而觀之，則天地曾不能
以一瞬。自其不變者而觀之，則物與我皆無盡也，而又何羨乎」
[58]。蘇軾認為能把握聲色，並能領悟聲色背後的變與不變，於水
月與自然之中體會道永恆，領悟此理，亦即領悟人與自然皆永恆
之理。

---

[57] 參〔宋〕蘇軾撰；〔宋〕郎曄注；龐石帚校訂：《經進東坡文集事
略》，頁4。

[58] 參〔宋〕蘇軾撰；〔宋〕郎曄注；龐石帚校訂：《經進東坡文集事
略》，頁3。

第六章　結　論

第一節　全文回顧

　　本論文主要探討蘇軾謫黃時期精神境界，以田園為中心，並以竹、松、舟等三種意象之微觀分析，考察其精神境界之發展歷程及具體展現。

　　首先，關於第一章〈序論〉與第二章〈蘇軾謫黃時期之精神境界——以〈東坡八首〉為論〉，回顧如下。學界對蘇軾田園詩議題多聚焦於田園對其思想之影響，關注田園與其心靈境界之互動並與希賢作聯結，或論田園與天人關係。本論文統整之並究其內涵，尋繹此組詩中田園與人文精神之互動性，探究田園與其希賢底蘊，及其與田園、天人之關係。蘇軾〈東坡八首〉中有三層重大心靈轉折，分別是：天窮、天不窮、天養。表現蘇軾從田園中獲得精神寄託，與他躬耕田園體悟天命之歷程。此組田園詩是其它意象竹、松、舟解讀的重要參照。因這組作品數量多、時間跨度大、主題集中，故對他心境變化展現最清楚，因此以其為參照。〈東坡八首〉為蘇軾貶謫黃州的一組田園詩作，寫作契機是蘇軾貶謫黃州後，因經濟困難而躬耕田園之心境紀錄。此處就〈東坡八首〉將蘇軾謫黃時期心境轉變分為三部分：謫黃早期的天窮之境、謫黃晚期的天不窮之境、謫黃晚期的天養之境等。首

先，蘇軾謫黃早期是天窮之境，能夠表現此時期之境界者，共有
二首：〈東坡八首・其一〉、〈東坡八首・其二〉，下面以〈東
坡八首・其二〉為例說明之，並證其思想根據。〈東坡八首・其
二〉是蘇軾謫黃早期田園詩，為天窮之境。〈東坡八首・其二〉
此詩關鍵句是「好竹不難栽，但恐鞭橫溢」，竹是蘇軾之自我投
射物，竹雖好但竹根會到處亂竄。詩中「橫溢」二字表示逸出，
超過。象徵好的品德若自矜驕傲，失中庸之道，這是他謫黃後之
自省。本詩末二聯有「暗井」出現，井是生存所需，「暗」字是
他已得天暗助，然尚未覺察。末聯「一飽未敢期，瓢飲已可
必」，此援用顏回安貧樂道之修養以自勉。這時蘇軾之心境仍屬
天窮之境，他雖能守志，但是對天道尚未深入體悟。在〈東坡八
首・其二〉中「一飽未敢期，瓢飲已可必」，「瓢飲」是顏淵安
貧樂道的精神，蘇軾以此自勉，這是蘇軾的儒家的思想的呈現。
其次，蘇軾謫黃晚期是天不窮之境，代表此時期精神境界之作品
有一首：〈東坡八首・其三〉，下面以這首詩為例，並以此為例
說明之，並證其思想根源。〈東坡八首・其三〉此詩蘇軾論水，
水之獲得是生機之表現。此詩關鍵句是「昨夜南山雲，雨到一犁
外。泫然尋故瀆，知我理荒薈」。詩中「雨」是關鍵，雨來自
天，故實天「知」蘇軾於此耕作降雨幫助他，此「知」字有很強
的天人共感。「雨」為本組詩重要轉機，故其心境提升為天不
窮。詩末之「泥芹有宿根，一寸嗟獨在」，「宿根」之根是指根
源、靈台、心、志，代表他的心志、志向。蘇軾在黃州初期希望
破滅，經過反省自我，對志向有新的理解。所以「宿根」是其潛
伏，等待時機至便能成長。此隱含蘇軾志向未改變，寓其堅守志
節。在〈東坡八首・其三〉中「泥芹有宿根，一寸嗟獨在」，

「宿根」表示心志，比喻堅守志節，呈現蘇軾儒家思想的面向。最後，蘇軾謫黃晚期是天養之境，此時期作品共有四首：〈東坡八首・其四〉、〈東坡八首・其五〉、〈東坡八首・其六〉、〈東坡八首・其七〉、〈東坡八首・其八〉等，下面以〈東坡八首・其五〉為例，證其與〈東坡八首〉天養之境相應處，並以證明該作品的思想根據。〈東坡八首・其五〉是蘇軾謫黃晚期，是天養之境。此詩論蘇軾躬耕之體悟，此詩之關鍵句是首聯「良農惜地力，幸此十年荒」，「幸」字是整組詩之轉折。因有長達「十年荒」，才能蓄積富饒地力，故所謂「荒」實則為「幸」，蘇軾此時領悟「荒」非天窮，實天養。另外他受老農提醒，需讓牛羊先踐疏麥苗，才能使麥之生產增量，他以此了解先捨後得的道理。末聯「再拜謝苦言，得飽不敢忘」，此處之謝，不僅是謝人也謝天。因為有天安排此地的「十年荒」，他今日才能有豐沛地力，種出茂盛的麥苗，因而可「得飽」。所以土地之因素是很重要的，有此土地條件，農夫給的耕種經驗才可發揮作用，故其「謝」字，是有含有謝天之意的。在〈東坡八首・其五〉中「再拜謝苦言，得飽不敢忘」，「謝」是謝天，這是蘇軾的儒家思想的表現。

其次，關於第三章〈蘇軾謫黃州時期之精神境界——以竹之意象為論〉，回顧如下。此處以兩層次論蘇軾謫黃境界，一為早期畏天盡性之竹，相應〈東坡八首〉的天窮之境。二為晚期成己成物之竹，相應〈東坡八首〉的天養之境。

蘇軾謫黃早期竹書寫之意象是畏天盡性之竹，呼應〈東坡八首〉的天窮之境。能表現此時期之境界的詩共四首：〈御史臺榆、槐、竹、柏四首・竹〉、〈定惠院寓居月夜偶出〉、〈寓居

定惠院之東，雜花滿山，有海棠一株，土人不知貴也〉、〈東坡八首・其二〉等。下面以〈寓居定惠院之東，雜花滿山，有海棠一株，土人不知貴也〉為例，論證其能表現蘇軾謫黃早期是畏天盡性之竹，以證其與〈東坡八首〉天養之境相應處，並以此為例說明之，並證其思想根源。〈寓居定惠院之東，雜花滿山，有海棠一株，土人不知貴也〉是蘇軾遭貶黃州偶遇在此地受冷待之海棠，他以海棠自喻謫黃之命運。本詩關鍵句是「也知造物有深意，故遣佳人在空谷」，海棠在此地孤單卻獨特，因它到黃州是造物者之深意，造物者是有心安排它到此無人山谷中的。而蘇軾謫黃被棄置僻野，常出門散步並訪竹解鬱，蘇軾「不問人家與僧舍，拄杖敲門看修竹」，他在孤寂苦悶下以竹為學習典範。訪竹途中他偶遇絕艷海棠流落黃州，相對衰朽之自己感嘆淚下。此詩中竹與海棠皆蘇軾自喻，他以竹自勉，竹為其剛毅守節，是君子人格之象徵。又以海棠比喻他流落天涯，備受冷遇的悽愴。

　　在〈寓居定惠院之東，雜花滿山，有海棠一株，土人不知貴也〉中「不問人家與僧舍」，是蘇軾為了觀竹會入僧舍中，這是蘇軾「出入佛老」的表現。而「倚杖敲門看修竹」，是蘇軾要效法竹，以竹之剛直守節作為仿效對象，這是儒家意涵的竹，此處體現他的儒家思想的面向。蘇軾謫黃晚期竹書寫之意象竹書寫之意象是成己成物之竹，呼應〈東坡八首〉的天養之境。此時期表現其境界之詩共二首：〈東坡八首・其六〉、〈是日，偶至野人汪氏之居有神降於其室自稱天人李全字德通善篆字用筆奇妙而字不可識云天篆也與予言有所會者復作一篇仍用前韻〉等。以下以〈是日，偶至野人汪氏之居有神降於其室自稱天人李全字德通善篆字用筆奇妙而字不可識云天篆也與予言有所會者復作一篇仍用

前韻〉為例，論證其能表現蘇軾謫黃晚期是成己成物之竹，並證其與〈東坡八首〉的天養之境相應處，及其思想根源。這首詩是作於蘇軾謫黃晚期，是成己成物之竹，呼應〈東坡八首〉的天養之境。本詩是蘇軾偶於黃州野人汪氏居處，偶遇自稱天人者與之對話並記錄其事。此詩的第三聯是重要詩句：「色瘁形枯應笑屈，道存目擊豈非溫」，蘇軾自比被漁父嘲笑「色瘁形枯」之屈原。又比喻對方是溫伯雪子，蘇軾自喻屈原，由此可見其強烈入世精神，有儒家傾向。一代表儒家一代表道家。末聯「歸來獨掃空齋臥，猶恐微言入夢魂」，孔子春秋筆法微言大義是在批判亂臣賊子，這是隱喻蘇軾應與朝廷中之負面力量對抗，這令蘇軾感到責任重大而擔憂。蘇軾在此詩中有追隨孔子之道之意，此詩透露他入世、濟世之志，是他儒家成己成物之志的明確表現。在上述這首詩中「歸來獨掃空齋臥」，是蘇軾「出入佛老」的表現。然他又言「惟恐微言入夢中」，「微言」表現蘇軾入世、濟世的志向，他希望能成己成物，這首詩明確表現蘇軾的儒家入世思想。

　　再者，關於第四章〈蘇軾謫黃時期之精神境界──以松之意象為論〉，回顧如下。此處分兩期論蘇軾謫黃之精神境界，一為謫黃早期是修身之松，對應〈東坡八首〉的天窮境界。一為謫黃晚期是俟命之松，對應〈東坡八首〉的天養之境。蘇軾謫黃早期為修身之松，呼應〈東坡八首〉的天窮之境。表現此時期境界之作品，共二首：〈萬松亭〉、〈定惠院寓居月夜偶出〉等，〈萬松亭〉是蘇軾謫黃早期，為修身之松，呼應〈東坡八首〉的天窮之境。此詩是因前麻城縣令為庇蔭行人於道旁植松，但其去職不到十年，在蘇軾謫黃途經麻城時，其所見之松「存者十不及三

四」，蘇軾傷松之凋零而作詩勉後繼者。此詩首聯「十年栽種百年規，好德無人助我儀」，蘇軾評論種松為「好德」，所以松非僅止是物質義，此詩中種松象徵培育國之棟樑。此詩關鍵句為「天公不救斧斤厄」，天憐惜松有堅毅歲寒心而護存它，然而卻無法挽救人禍「斧斤」之傷害。而從「天公不救斧斤厄」，可看出此時蘇軾仍多寫困厄，心境尚處於修身但尚未能知命之境界。在〈萬松亭〉中「十年種樹百年規，好德無人助我儀」，此處松是棟樑之材的象徵，這是儒家意涵的松，此首詩是蘇軾儒家思想的表現。蘇軾謫黃晚期為俟命之松，呼應〈東坡八首〉的天養之境。表現此時期之境界之作品，共六首：〈東坡八首・其五〉、〈弔徐德占〉、〈生日，王郎以詩見慶，次其韻，并寄茶二十一片〉、〈夜坐與邁聊句〉、〈岐亭五首・其五〉、〈孔毅父以詩戒飲酒，問買田，且乞墨竹，次其韻〉。以下以〈弔徐德占〉為例，以證其與〈東坡八首〉天養之境相應處，並以此為例說明之，並證其思想根源。〈弔徐德占〉為蘇軾謫黃晚期是俟命之松之意象，呼應〈東坡八首〉的天養之境。此詩是蘇軾追弔徐德占之作，整首詩以松柏為喻，其將徐德占喻為松柏，視為國之棟梁。首聯說「美人種松柏，欲使低映門」，喻上位者培植人才，期待可庇蔭家國。此詩關鍵句「大廈若果傾，萬牛何足言」意指大廈需要棟樑才可穩固，而支撐大廈的棟樑，其重量是萬牛難以撼動的，此處比喻徐德占是萬牛也難以撼動的棟樑之材。此句其實也隱含批判那些誣衊徐德占的小人，蘇軾說今天徐德占已去世，但他所成的功業是小人的汙衊撼動不了的。在〈弔徐德占〉中「大廈若果傾，萬牛何足言」，表示松是作為棟樑之材，這是儒家對松的象徵意義的用法，表現出蘇軾的儒家思想的面向。

　　最後，關於第五章〈蘇軾謫黃時期之精神境界──以舟之意象為論〉，回顧如下。本章以蘇軾三篇赤壁書寫〈前赤壁賦〉、〈念奴嬌·赤壁懷古〉、〈後赤壁賦〉之舟為主要討論對象。這三篇作品皆是蘇軾遊赤壁之作，三篇作品之舟的意象多元豐富，本文藉此探究蘇軾精神境界之層次，並以此理解其思想內涵。

　　關於三篇赤壁書寫中舟出現類型如下：〈前赤壁賦〉包含七個舟，分別為：「泛舟遊於赤壁之下」的物質性之舟、「縱一葦之所如」的羽化之舟、「扣舷而歌之」的望美人之舟、「舞幽壑之潛蛟」的孤怨之舟、「舳艫千里，旌旗蔽空」的英雄之舟、「渺滄海之一粟」的寄蜉蝣於天地之舟、「相與枕藉乎舟中」的主客相安之舟。〈念奴嬌·赤壁懷古〉出現一次舟：「羽扇綸巾，談笑間，檣櫓灰飛煙滅」的虛幻之舟。〈後赤壁賦〉包含三個舟，分別為：「於是攜酒與魚，復遊于赤壁之下」的物質性之舟、「反而登舟，放乎中流，聽其所止而休焉」的退居安身地之舟（思義之舟）、「翅如車輪，玄裳縞衣，戛然長鳴，掠予舟而西」的夢覺之舟。三篇赤壁書寫的舟的思想可分為兩類，一是佛老思想一是儒家思想，下面分別列出：一，以佛老思想為主是：「人生如夢，一尊還酹江月」的虛幻之舟；二，以儒家思想為主的是：「反而登舟，放乎中流，聽其所止而休焉」的思義之舟、「相與枕藉乎舟中」的主客相安之舟。由上述可知蘇軾的思想在謫黃晚期舟意象的表現，表現蘇軾有佛老傾向與儒家傾向，而所有這些舟，最後都匯歸於儒家的思義之舟。最後關於這三篇赤壁書寫對天的體會問題，它們屬於蘇軾謫黃晚期的思想，呼應〈東坡八首〉的天養之境。因為是呼應天養之境，故它有自安與安他的部分。自安是指「聽其所止而休焉」的思義之舟，其中「止」

是知止，是止於至善之意。安他則是主客相安之意，是「相與枕藉乎舟中」的主客相安之舟。

第二節　問題與展望

本論文討論蘇軾謫黃時期創作中圍繞田園意象而有之松、竹、舟等之詩作，動態式的去考察其意象。其自然書寫含山川草木與人文產物，所以自然書寫也包含人文書寫。從此角度出發，本論文還有相關問題可以可延伸，分列如下。

一、自然書寫與田園之關係

本文探討自然書寫與田園之相關性，又由田園延伸到隱逸。為何隱逸與田園是在一起，為何隱逸與山水在一起，本論文因題目限縮關係未擴及此，但是這些問題彼此相關。自然與舟、自然與山林、自然與隱逸，這些議題環環相扣，可再延伸作討論。

二、蘇軾論竹之方式

蘇軾論竹之方式可分以下幾點論，首先有不同時空觀：在時間上有四季不同，如春、夏、秋、冬。又分空間不同，如僧舍、人家。此外不同空間，種竹之原因亦不同。最後，生活化的竹，如竹筍、竹杖、竹窗。相關問題以不同面向切入，可獲致更為多層次而立體之理解。

三、蘇軾之松、竹與其友人之關係

蘇軾其與松、竹為友，其友人也有松竹之別。如陳季常為松

之意象。而文與可為竹之意象，可見蘇軾不只觀松竹等之形象，也可觀人格化的松竹，此問題與發展，未來可再研究。

四、松竹舟之延伸議題

蘇軾在松、竹、舟等問題，另還有可延伸之議題。首先，松、竹、舟跨及自然物與人造物此兩大範疇，事實上還有更多面向可以討論。如：梅、菊、蘭都是相同概念之植物，本論文僅從討論數量最多者論，由量之多見質之重，其實可以再擴及進行解讀，增加理解之層次。另外動物書寫亦可討論，以本主題論及之動物如：鶴、鶻、（龍、蛇）等，蘇軾皆有言及，然限於主題故未作，凡此皆為可再處理之議題。

五、蘇軾在嶺南對陶淵明接受之問題

本論文論謫黃時期之松、竹議題，可以松竹議題在南海時期的發展之相較與擴展，學者認為黃州蘇軾已達「淵明即我」。由此可討論蘇軾謫黃時期對田園非常緊密，故有「我即淵明」知體認。而當嶺南時期，其與田園之關係已弱化，他又是如何拉近與淵明之關係，他是如何在現實中作思想之昇華以達到「淵明即我」之境界。

六、蘇軾注解經典之問題

蘇軾在謫黃注解經典如他在元豐三年四月就已完成《論語》、《易經》等儒家經典，又作〈莊子解〉等，從這些材料可以探究他是如何在注經中表達其謫黃時處逆境之思想與超越。

蘇軾〈題金山畫像〉嘗自言：「問汝平生功業，黃州惠州儋

州」，其之千古功業（黃、惠、儋）之轉變進程，仍有待更深入之抉發。本論文以田園為中心探討蘇軾謫黃時期之天人關係與精神境界之相應處，並就松、竹、舟之意象再進行擴展及其義理根源之探究，並進一步比較蘇軾是如何承襲這些意象之古典典範，以進行創造。然蘇軾文學作品中仍存在其他相關之意象，有其文化歷史面、藝術面等之多重交互性。然蘇軾黃、惠、儋文學此種「功業」非屬物質性之存在，乃透過其所歷經之政治危機、生存危機與自我認同危機，進行深度省思所達至之精神辯證的最高統一、突破自我限制之成果。

參考書目

一、古籍（依照朝代排序）

〔漢〕許慎撰；〔清〕段玉裁注：《說文解字注》，臺北：黎明出版社，1993。

〔晉〕陶淵明撰；逯欽立校注：《陶淵明集》，臺北：里仁書局，1985。

〔唐〕杜甫撰；謝思煒校注：《杜甫詩集校注》，上海：上海古籍出版社，2015。

〔唐〕白居易撰；謝思煒撰：《白居易詩集校注》，北京：中華書局，2006。

〔唐〕王度等撰：《唐人傳奇小說》，臺北：世界書局，1993。

〔宋〕歐陽修、宋祁、范鎮、呂夏卿等合撰：《新唐書》，臺北：中華書局，2012。

〔宋〕王安石：《臨川先生文集》，臺北，華正書局，1975。

〔宋〕蘇軾撰；〔宋〕郎曄注；龐石帚校訂：《經進東坡文集事略》（據四部叢刊影印本、羅氏蟬隱廬本、寶華庵刊七集本、大全集本互校），臺北：世界書局，1960。

〔宋〕蘇軾：《蘇東坡全集》（楊家駱主編《中國學術名著第六輯》《文學名著》第六集、第九冊），臺北：世界書局，

1960。

〔宋〕蘇軾撰；〔宋〕施元之注：《施注蘇詩——附蘇詩補注》，臺北：廣文書局出版社，1964。

楊家駱主編：《蘇東坡全集》，臺北：世界書局，1964。

〔宋〕蘇軾撰；〔清〕朱祖謀注；龍沐勛疏：《東坡樂府箋講疏》，臺北：廣文書局，1972。

〔宋〕蘇軾撰；〔清〕朱孝臧編年；龍榆生校箋；朱懷春標點：《東坡樂府箋》，上海：上海古籍出版社，2014。

〔宋〕蘇軾撰：《蘇東坡全集》，臺北：河洛出版社，1975。

〔宋〕蘇軾撰；〔南宋〕施元之注：《施注蘇詩》，臺北：廣文書局，1980。

〔宋〕蘇軾撰；〔清〕馮應榴輯注；黃任軻、朱懷春點校：《蘇軾詩集合注》，上海：上海古籍出版社，2001。

〔宋〕蘇軾撰；〔清〕王文誥輯注；孔凡禮點校：《蘇軾詩集》，北京：中華書局，2018.07 重印。

〔宋〕蘇軾撰；龍沐勛校箋：《東坡樂府箋》，臺北：華正書局，1974。

〔宋〕蘇軾撰；孔凡禮點校：《蘇軾文集》，北京：中華書局，1996。

〔宋〕蘇軾撰；王松齡點校：《東坡志林》，北京：中華書局，1997。

〔宋〕蘇軾撰；張志烈等主編：《蘇軾全集校注》，石家莊：河北人民出版社，2010。

〔宋〕蘇轍撰；陳宏天、高秀芳點校：《蘇轍集》，北京：中華書局，1990。

〔宋〕朋九萬撰；〔清〕李調元輯刊；嚴一萍選輯：《東坡烏臺
　　詩案》（原刻景【百部叢書集成】本），臺北：藝文印書
　　館，1968。

〔宋〕吳聿撰；〔宋〕周必大撰；〔宋〕曾季貍撰；〔宋〕周紫
　　芝撰：《觀林詩話・二老堂詩話・艇齊詩話附校訛・續
　　校・補校・竹坡詩話》，《叢書集成初編》，上海：商務
　　印書館，1936。

〔宋〕王宗稷編：《東坡年譜》，臺北：臺灣商務印書館，
　　1978。

〔宋〕洪興祖撰：《楚辭補注》，臺北：大安出版社，2007。

〔宋〕洪邁撰：《容齋詩話》，臺北：廣文書局，1971，頁
　　244。

〔宋〕朱熹集注：《四書集注》，臺北：藝文印書館，1980。

楊家駱主編：《新校本宋史并附編三種》，臺北：鼎文書局，
　　1983。

〔宋〕陸游撰：《入蜀記・老學庵筆記》，上海：上海遠東出版
　　社，1996。

〔元〕脫脫等著：《新校本宋史》，臺北：鼎文書局，1979。

〔漢〕王逸注；〔宋〕洪興祖補注：《楚辭補注》，臺北：臺灣
　　中華書局，1981。

〔清〕王先謙撰：《詩三家義集疏》，臺北：明文書局，1988。

〔清〕阮元編：《詩經》《重刊宋本十三經注疏》南昌府學本，
　　臺北：藝文印書館，2001。

〔清〕陳壽昌輯：《南華真經正義》，臺北：新天地書局，
　　1977。

〔清〕郭慶藩編;王孝魚整理:《莊子集釋》,臺北:萬卷樓圖
　　書有限公司,1993。

〔清〕王文誥撰:《蘇文忠公詩編著集成總案》,臺北:學海出
　　版社,1991。

〔清〕王國維撰;徐調孚校注:《校注人間詞話》,臺北:頂淵
　　文化事業公司,2001 年 6 月初版。

二、現代學術著作（依姓氏筆畫排列）

（一）專書

孔凡禮撰:《蘇軾年譜》,北京:中華書局,1988。

王水照撰:《蘇軾選集》,臺北:萬卷樓圖書有限公司,2014。

王水照撰:《蘇軾論稿》,臺北:萬卷樓圖書有限公司,1994。

王水照、朱剛編:《蘇軾詩詞文選評》,上海:上海古籍出版
　　社,2011 年。

王水照、朱剛等撰:《蘇軾評傳》,南京:南京大學出版社,
　　2004。

王更生編著:《蘇軾散文研讀》,臺北:文史哲出版社,2001
　　年 2 月初版。

王保珍撰:《東坡詞研究》,臺北:長安出版社,1992 年 9 月三
　　版。

王洪撰:《蘇軾詩歌研究》,北京:朝華出版社,1993 年 5 月第
　　1 版。

王思宇主編:《蘇軾詞賞析集》,四川:巴蜀書局,1996 年 8 月
　　第 2 版。

衣若芬撰：《赤壁漫遊與西園雅集》，北京：線裝書局，2001。

李一冰撰：《蘇東坡新傳》，臺北：聯經出版社，1997年3月，
　　　第5次印行。

李澤厚撰：《美的歷程》，臺北：金楓出版社，1991

李建崑撰：《韓愈詩探析》（上）（下）（古典詩歌研究彙刊・
　　　第六輯・第12冊），臺北：花木蘭出版社，2009。

何明、廖國強撰：《中國竹文化研究》，昆明：雲南教育出版
　　　社，1994。

石聲淮、唐玲玲箋注：《東坡樂府編年箋注》，臺北：華正書
　　　局，1993。

朱靖華撰：《蘇軾新評》，北京：中國文學出版社，1993。

朱靖華撰：《蘇軾論》，北京：京華出版社，1997。

林語堂撰；宋碧雲譯：《蘇東坡傳》，臺北：遠景出版社，1978
　　　年3月四版。

林淑貞撰：《中國詠物詩「托物言志」析論》，臺北：萬卷樓圖
　　　書有限公司，2002。

周王洪撰：《蘇軾詩歌研究》，北京：朝華出版社，1993。

周裕鍇撰：《宋代詩學通論》，四川：巴蜀書社出版，1997。

江惜美撰：《烏臺詩案研究》，臺北：花木蘭文化事業，2006。

涂美雲撰：《北宋黨爭與文禍、學禁之關係研究》，臺北：萬卷
　　　樓圖書有限公司，2012。

唐玲玲、周偉民撰：《蘇軾思想研究》，臺北：文史哲出版社，
　　　1996。

唐玲玲撰：《東坡樂府研究》，成都：巴蜀書社，1992年2月出
　　　版。

袁行霈撰：《中國詩歌藝術研究》，臺北：五南圖書出版公司，
　　1989。

曹樹銘校編：《蘇東坡詞》（上、下），臺北：臺灣商務印書
　　館，1983。

張高評撰：《會通化成與宋代詩學》，臺南：成大出版社，
　　2000。

黃永武撰：《中國詩學——設計篇》，臺北：巨流圖書公司，
　　1977。

黃永武撰：《中國詩學——鑑賞篇》，臺北：巨流圖書公司，
　　1979。

黃永武撰：《中國詩學——思想篇》，臺北：巨流圖書公司，
　　1980。

黃永武、張高評編著：《宋詩論文選輯》，高雄：復文圖書出版
　　公司，1986。

黃啟方撰：《東坡的心靈世界》，臺北：臺灣學生書局，2002。

程千帆、吳新雷撰：《兩宋文學史》，高雄：麗文文化出版公
　　司，1993。

程杰撰：《宋代詠梅文學研究》，合肥：安徽文藝出版社，
　　2002。

曾棗莊撰：《三蘇文藝思想》，臺北：學海出版社，1995。

曾棗莊撰：《蘇詩彙評》，臺北：文史哲出版社，1988。

曾棗莊撰：《蘇文彙評》，臺北：文史哲出版社，1988。

曾棗莊撰：《蘇詞彙評》，臺北：文史哲出版社，1988。

曾棗莊撰：《蘇軾評傳》，成都：四川人民出版社，1984。

張再林撰：《唐宋士風與詞風研究——以白居易、蘇軾為中

心》，北京：人民文學出版社，2005。

張新亞撰：《文人的理想品格——從陶潛到蘇軾》，濟南：濟南
　　出版社，2004。

楊海明撰：《唐宋詞主題探索》，高雄：麗文文化出版公司，
　　1995。

劉逸生主編：《蘇軾詩選》，臺北：遠流出版社，1988。

劉少雄撰：《會通與適變：東坡以詩為詞論題新詮》，臺北：里
　　仁書局，2006。

葉嘉瑩撰：《唐宋名家詞賞析④蘇軾》，臺北：大安出版社，
　　1988。

陶文鵬撰：《蘇軾詩詞藝術論》，上海：上海古籍出版社，
　　2001。

鄒同慶、王宗堂校注：《蘇軾詞編年校註》，北京：中華書局，
　　2010。

葛曉音撰：《山水田園詩派研究》，瀋陽：遼寧大學出版社，
　　1993。

陳植鄂撰：《詩歌意象論——微觀詩史初探》，北京：中國社會
　　科學出版社，1990。

陳新雄選：《蘇軾詩選》，臺北：學海出版，1989。

陳邇冬選注：《蘇軾詞選》，香港：三聯書店，2000。

謝桃坊撰：《蘇軾詩研究》，成都：巴蜀書社，1987。

蕭麗華撰：《從王維到蘇軾：詩歌與禪學交會的黃金時代》，天
　　津：天津教育出版社，2013。

饒學剛撰：《蘇東坡在黃州》，北京：京華出版社，1999。

夏承燾撰：《唐宋詞欣賞》，香港：中華書局，2002。

謝佩芬撰：《蘇軾心靈圖象——以「清」為主之文學觀研究》，
　　　臺北：文津出社，2005。

陶文鵬撰：《蘇軾詩詞藝術論》，上海：上海古籍出版社，
　　　2001。

逯欽立輯校：《先秦漢魏晉南北朝詩》，臺北：木鐸出版社，
　　　1983。

歐麗娟撰：《杜甫詩之意象研究》，臺北：花木蘭文化出版社，
　　　2008。

顏崑陽撰：《古典詩文論叢・試論宋詞中三個梅花意象》，臺
　　　北：漢光文化事業，1983。

（二）期刊論文

王兆鵬、陳朝鮮：〈蘇軾躬耕東坡的原因和意義〉，《齊魯學
　　　刊》，2019 年第 2 期，總 269 期。

王琳祥：〈東坡雪堂故址考〉，《黃岡職業技術學院學報》，第
　　　13 卷第 1 期，2011 年 2 月。

王勝男：〈中國古代文學中的竹意象〉，《洛陽工學院學報》
　　　（社會科學版）20 卷第 3 期，2002 年 9 月。

王立：〈竹意象的產生及文化內蘊〉，《中國典籍與文化》第 1
　　　期，1997 年。

王偉勇：〈無情流水多情客——談蘇東坡的「多情」〉，《錢穆
　　　先生紀館館刊》第 5 期，1997 年 12 月。

何明：〈中國詠竹文化的形成演進與即其文化內涵〉，《思想戰
　　　線》，1994 年第 5 期。

王勝男：〈中國古代文學中的竹意象〉，《洛陽工學院學報》

（社會科學版）20 卷第 3 期，2002 年 9 月。

甘來冬：〈論蘇軾詞中的舟船意象〉，《成都大學學報》（社會
　　科學版）2016 年 4 月第 2 期，總第 164 期。

李世進：〈袞松、品松、罪松——孟郊詠松詩淺論〉，《名作欣
　　賞》，2012 年 20 期。

宋皓琨：〈黃州耕作：蘇軾接受陶淵明歷程中的關鍵因素——在
　　北宋詩學背景下考察〉，《中國韻文學刊》第 31 卷第 4
　　期，2017 年 10 月。

余天鵬：〈蘇軾詩文中的松意象解析〉，《樂山師範學院學
　　報》，2014 年 9 月。

呂斌：〈蘇軾的經濟狀況及其思想、創作〉，《三峽大學學
　　報》，2010 年 8 月第 32 卷增刊。

金業焱：〈論中國文學中竹意象的演變〉，《廣西師範學院學
　　報》（哲學社會科學版）第 35 卷第 5 期，2014 年 9 月。

周克勤：〈自信・自由・自尊・自若——蘇軾《御史臺榆、槐、
　　竹、柏四首》中的士人心態〉，《金陵科技學院學報》
　　（社會科學版）第 23 卷第 3 期，2009 年 9 月。

高愛琴：〈我國古代花木詩的審美情趣與文化意蘊〉，《上海師
　　範大學學報》第 4 期，1993 年。

程杰：〈「歲寒三友」緣起考〉，《中國典籍文化》第 3 期，
　　2003 年。

曾雄生：〈中國古代雨量器的發明和發展〉，《人文與社會學
　　報》（義守大學通識教育中心）第 2 卷第 2 期，2008 年 6
　　月。

胡玥：〈一葉孤舟動心弦——試論蘇軾黃州時期詞中「舟」的意

象〉，《商業故事》，2015 年 03 期。

徐家華：〈論蘇軾詩歌中舟船意象的紀實與寄託〉，《九江學院學報》（社會科學版）2018 年第 4 期，總第 191 期。

黃恩鵬：〈自然與淡泊──安道苦節的生命救贖〉，《解放軍藝術學院》，2007 年第 2 期。

黃學文：〈蘇軾舟船意象的轉變與黃州時期《莊子》的接受〉，《問學》25 期，2021 年 8 月。

黃寬重：〈蘇東坡貶謫黃州的生活與心境〉，《故宮文物月刊》第 8 卷第 1 期，1990 年 4 月。

楊勝寬：〈東坡躬耕的苦與樂〉，《樂山師範學院學報》（社會科學版）1991 年第 1 期。

楊勝寬：〈〈雪堂記〉與蘇軾黃州「適意」的貶謫生活〉，《樂山師範學院學報》，第 26 卷第 7 期，2011 年 7 月。

許磊：〈鄭文君蘇軾詩歌研究探微──以《詩歌、政治、哲學作為東坡居士的蘇軾》為例〉，《教育觀察》第 3 卷第 4 期，2014 年 2 月。

饒學剛：〈再論蘇東坡文藝創作的高峰在黃州〉，《樂山師範學院學報》，第 21 卷第 10 期，2006 年 10 月。

趙銀芳：〈東坡曠代慕樂天〉，《平頂山學院學報》第 32 卷第 6 期，2017 年 12 月。

劉強：〈蘇軾的「平生功業」與「憂困書寫」──論蘇軾「和陶」之緣起及其晚年心境〉，《學術論衡》2021 年第 3 期，總第 28 期。

薛穎：〈北宋官員蘇軾的經濟狀況探析〉，《歷史教學》2012 年第 16 期，總第 653 期。

葉嘉瑩：〈蘇軾〈前赤壁賦〉講錄〉（第六講），《文史知
　　識》，2015.09。

馬得禹：〈問汝平生功業——黃州、惠州、儋州〉，《甘肅教育
　　學院學報》（社會科學版）2002 年，18（4）。

戚榮金：〈蘇軾黃州時期思想嬗變探析〉，《大連大學學報》
　　2009 年第 2 期。

胡戎：〈蘇軾詩詞中的竹文化淺析〉，《竹子文化》2018 年 1
　　月，第 37 卷（1）。

陳守常：〈蘇軾竹詩考析〉，《文史博覽》（理論），2009 年 1
　　月。

劉宗德：〈寂寞心曲　孤傲情調——讀蘇軾〈卜算子‧黃州定惠
　　院寓居作〉〉，《文史知識》第 11 期，1995 年。

劉尊明、王兆鵬：〈本世紀東坡詞研究的定量分析〉，《文學遺
　　產》第 6 期，1999 年。

龍沐勛：〈東坡樂府綜論〉，《詞學季刊》第 2 卷第 3 號，1967
　　年。

（三）論文集論文

羅鳳珠：〈從蘇軾詩之興觀群怨探討其動植物詞彙語義〉，「第
　　八屆漢語詞彙語義學研討會」論文（香港：香港理工大
　　學，2007 年 5 月 21 日－23 日），頁 153-158。出處：
　　http://yzuir.yzu.edu.tw/handle/310901000/67779。

黃奕珍：〈讀〈後赤壁賦〉——由「追蹤前遊」意圖之逐步破滅
　　談起」，《宋代文學研究叢刊》第三期，張高評主編，高
　　雄：麗文文化事業公司，1997。

（四）學位論文

王穎：《中國古代文學松柏題材與意象研究》，南京：南京師範
　　　大學漢語文學系，2012。

文鈴蘭：《詩經中草木鳥獸意象表現之研究》，臺北：國立政治
　　　大學中文所碩士論文，1986 年 5 月。

辛佩芳：《蘇軾詩中的草木意象管窺》，臺北：國立臺灣師範大
　　　學國文所碩士論文，2008 年 6 月。

史國興：《蘇軾詩詞中夢的研析》，臺北：國立臺灣師範大學中
　　　國文學研究所博士論文，1996 年。

李慕如：《東坡詩文思想之研究》，臺北：國立臺灣師範大學國
　　　文所博士論文，1998 年 6 月。

李天讚：《蘇軾詩詞中竹書寫研究》，嘉義：國立中正大學中國
　　　文學所碩士論文，2008。

李慕如：《東坡詩文思想之研究》，臺北：國立臺灣師範大學國
　　　文研究所博士論文，1998 年。

何映涵：《陸游田園詩研究》，臺北：臺灣大學中國文學系博士
　　　論文，2016。

何海瑄：《蘇軾涉夢書寫研究》，臺北：國立臺灣大學中國文學
　　　研究所碩士論文，2017 年。

林聆慈：《東坡詩詞月意象研究》，臺北：國立政治大學中國文
　　　學研究所碩士論文，2004 年。

林玟玲：《蘇軾黃州詞研究》，臺北：國立臺灣師範大學國文所
　　　碩士論文，1986 年 6 月。

俞玄穆：《宋代詠花詞研究》，臺北：國立政治大學中文所碩士

論文，1987 年 5 月。

馬寶蓮：《兩宋詠物詞研究》，臺北：國立臺灣師範大學國文所
　　　碩士論文，1983 年 5 月。

黃蕙心：《蘇東坡和陶詩研究》，臺北：輔仁大學中文系碩士論
　　　文，2001 年。

蔡惠玲：《東坡黃州時期詩歌研究》，臺中：東海大學中國文學
　　　系碩士論文，2008 年。

黃惠暖：《東坡詞草木意象研究》，臺北：國立臺灣師範大學國
　　　文所碩士論文，2013 年 1 月。

邱明娟：《蘇軾詠花詞意象研究》，新竹：玄奘大學國文所碩士
　　　論文，2011 年。

楊麗玲：《蘇東坡詠物詞研究》，臺北：國立臺灣師範大學國文
　　　所碩士論文，1998 年 6 月。

陳英姬：《蘇軾政治生涯與文學的關係》，臺北：國立臺灣師範
　　　大學國文所博士論文，1989 年 6 月。

陳貞俐：《蘇軾詠花詩研究》，高雄：國立高雄師範大學國文學
　　　系碩士論文，2002 年。

郭美美：《東坡在詞風上的承繼與創新》，臺北：國立臺灣師範
　　　大學國文所碩士論文，1990 年 6 月。

羅鳳珠：《蘇軾黃州詩研究》，臺北：國立臺灣師範大學中國文
　　　學研究所碩士論文，1988 年。

國家圖書館出版品預行編目資料

蘇軾謫黃時期之境界發展研究
——以舟與松竹之意象爲中心

洪麗玫著. – 初版. – 臺北市：臺灣學生，2023.02
面；公分

ISBN 978-957-15-1907-4 (平裝)

1. (宋)蘇軾 2. 詩詞 3. 學術思想 4. 文學評論

782.8516   112002456

蘇軾謫黃時期之境界發展研究
　　——以舟與松竹之意象爲中心

著　作　者　洪麗玫
出　版　者　臺灣學生書局有限公司
發　行　人　楊雲龍
發　行　所　臺灣學生書局有限公司
地　　　址　臺北市和平東路一段 75 巷 11 號
劃　撥　帳　號　00024668
電　　　話　(02)23928185
傳　　　眞　(02)23928105
E - m a i l　student.book@msa.hinet.net
網　　　址　www.studentbook.com.tw
登記證字號　行政院新聞局局版北市業字第玖捌壹號
定　　　價　新臺幣三〇〇元
出 版 日 期　二〇二三年二月初版
I S B N　978-957-15-1907-4